비즈니스 협상의
실무와 사례

비즈니스 리더의 필독서!

비즈니스 협상의 실무와 사례

원창희 | 송효지 | 류경선 지음

한국협상경영원
Korea Negotiation Management Institute

―――― 책을 내며 ――――

현장의 사례를 통해 얻어진
협상의 지식

    한국협상경영원에서 협상가1급 자격증 과정과 마스터협상가 과정을 운영하면서 우수한 교육생들을 배출하게 되었다. 단순한 지식의 습득 차원을 넘어서 그 지식을 현장에 적용하고 현장으로부터 새로 배우게 되는 학습과 경험의 순환을 경험하게 된다.

    교육과정에서 이론과 실습을 통해 얻어진 협상의 지식이 현장에 어떻게 적용되고 이미 완료된 협상 사례를 어떻게 분석해 볼 수 있는지가 매우 흥미로우면서도 실질적인 현장의 실무를 익히는데 큰 도움이 될 것으로 보인다. 그래서 협상이 발생하는 현장의 모습은 어떤지를 들여다보고 연구한다는 것에 큰 관심을 가지게 되었다. 이에 다수의 수료생들이 각자의 관심 분야에 갈등과 협상이 어떻게 발생하고 종료되는지 여러 분야별 연구팀을 만들어 사례를 발굴하고자 하였다.

협상이 발생하는 분야는 매우 다양하다. 거시적으로는 국가 간의 외교협상이 쉽게 생각날 수 있고 미시적으로는 시장에서 티셔츠를 구매하는 협상도 볼 수 있다. 또 근로자의 임금을 교섭하기 위해 노동조합과 사용자 간에 단체교섭이 있고 신입사원이나 경력사원의 연봉을 결정하기 위한 연봉 협상도 있다. 기업의 상거래로서 한 기업을 매각 인수하는 M&A 협상도 있고 부품조달을 위한 원청회사와 협력업체 간 부품납품 협상도 있다. 또한 조직 내에서 부서 간 갈등을 해결하는 협상도 있고 해고나 징계 또는 직장 내 괴롭힘과 관련한 협상도 있다.

이 책의 연구팀은 기업의 상거래와 연봉 협상 등 비즈니스 상의 협상을 대상으로 사례를 발굴하여 분석하고자 하였다. 각자가 다루는 사례들은 실제로 경험한 사례이며 일정한 분석틀로 스토리를 소개하고 과정과 결과를 정리한 후 사례의 특징과 교훈을 제시하고 있다. 사례가 가지는 고유한 특성이 있기도 하지만 공통되는 부분도 있어서 서로 비교분석하여 공통점을 도출하기도 하였으며 비즈니스 협상의 사례분석이 주는 시사점들도 정리하고자 노력하였다. 비즈니스 협상의 사례들을 잘 이해하기 위해 사례분석 이전에 실무적인 사전 지식도 정리하여 설명하였다.

이 책은 총 3부로 구성되어 있는데 제1부는 원창희가 집필했으며 제3부는 세 명의 저자가 공동으로 작성하였다. 제2부는 9개의 사례를 다루고 있는데 아래 표에서 보듯이 비즈니스 협상의 여러 가지 분류별로 한 가지씩 사례를 작성하였다. 사례 1, 2, 3은 원창희, 사례 4, 5, 6은 송효지, 사례 7, 8, 9는 류경선이 각각 집필하였다.

분류	사례	필자
M&A 협상	사례 1. 식품회사 M&A 협상 사례	원창희
벤처 창업 협상	사례 2. 벤처기업 인재 스카우트 협상 사례	원창희
폐기물 계약 협상	사례 3. 곡물폐기물처리 계약 협상 사례	원창희
콘텐츠 계약 협상	사례 4. 시트콤 리메이크권 계약 협상 사례	송효지
브랜드 사용료 협상	사례 5. 브랜드 사용료 협상 사례	송효지
코칭 기반 협상	사례 6. 감성 협상 및 코칭 기반 협상 사례	송효지
임차계약 협상	사례 7. 유통사와 임대업자 간 임차계약 사례	류경선
유통물류비 협상	사례 8. 유통사와 물류사의 물류비 협상 사례	류경선
연봉 협상	사례 9. 채용, 재직, 퇴직의 실전 연봉 협상 사례	류경선

이 책의 추천사를 써주신 동국대학교의 명예교수이신 곽노성 교수께 감사의 말씀을 드린다. 소중한 서평을 써주신 롯데벤처스 전영민 대표이사, 단국대학교 김학린 교수, ㈜고우넷 허범무 대표이사, MBC 이미영 PD, 한국협상가그룹의 총회장인 퀀텀프로젝트 최동하 대표이사께 진심으로 감사드린다. 비즈니스 협상에 관심을 가진 많은 독자들에게 작은 도움이 되기를 기대하며 이 책에 오류가 있다면 전적으로 필자들의 책임이며 격려의 조언을 환영한다.

2024년 6월 1일
대표 집필자 원창희 씀

추천사

연전에 하버드경영대학원에서 비즈니스 리더들이 갖추어야 할 필수 덕목으로 조직 내 갈등관리 능력과 거래 완성(deal-making) 능력을 꼽았다는 설문조사 결과를 본 적이 있다. 협상능력이 비즈니스 리더들이 갖추어야 할 필수 덕목으로 평가되고 있다는 말이다. 협상은 거래에 잠재된 이득을 실현하는 과정이다. 조직 내 또는 조직 간 갈등관리 또한 리더로서 풀어야 할 큰 과제가 된다. 갈등의 효과적인 관리를 위해서는 조직 내 구성원들 간의 열린 소통과 당사자의 결정과정에의 참여 인식이 필수요건이 되고 이는 비즈니스 리더들이 해결해야 하기 때문이다.

이 책은 다양한 분야의 비즈니스 협상 사례의 분석과 시사점 제시를 통해 리더들이 협상에 임하기 전 읽고 숙지해야할 중요한 가이드 역할을 할 저작으로 생각된다. 그동안 협상을 단순히 '적과의 동침'으로 오도하여 「손자병법」상의 원칙들을 무분별하게 활용하도록 하거나 협상구조에 대한 체계적인 분석 없이 일회적인 협상기술을 추천하는 저작물들을 많이 보아왔다. 이러한 조언은 협상가들이 합의에 이르기 위해 필요한 원칙들을 무시함으로써 자칫 상대방과의 관계를 손상하거나 신뢰를 저버려 협상에 내재된 잠재적 이득을 실현하지 못하고 깨지게 하는 원인이 되는 경우가 많다.

우리나라는 갈등비용이 세계적으로 높은 국가라는 연구결과를 본 적이 있다. 갈등을 효율적으로 처리할 수 있는 기술과 문화, 그리고 이를 위한 효과적인 방법에 익숙하지 못한 결과라 생각된다. 비즈니스 협상은 이해관계가 상반 또는 불일치(incompatible)하는 양자 혹은 다수 당사자 간 만족할 만한 합의에 이르는 과정이다. 당사자 모두가 만족할 만한 합의에 이르기 위해서는 협상 이전의 상태(status quo)보다 나은 합의안을 만들어 낼 필요가 있다. 당사자 모두가 만족할 수 있는 합의안을 만들기 위해서는 협상구조의 분석과 의제의 특성을 고려하여 가치창조(value creation)가 이루어져야 한다. 효율적인 협상기법이 요구되는 항목이다.

이 책은 협상 구조와 협상의 기본 구성요소에 대한 분석을 통하여 가치 창조를 이룰 수 있는 원칙들을 제시하고, 이러한 원칙들을 실제로 분야별 비즈니스 협상에 어떻게 적용하였는지 보여주고 있다는 점에서 체계적인 접근방법을 취하고 있다. 이 책에서 취급하고 있는 협상은 M&A, 인재 스카우트, 연봉 협상 등 비즈니스 계약 전반에 걸쳐 다양한 분야를 망라하고 있다.

이 책은 비즈니스 현장에서 협상을 담당하고 있는 실무자나 비즈니스 리더의 가이드북으로서 뿐만 아니라 대학 혹은 전문 협상교육 현장에서 교재로도 사용할 수 있는 내용들을 포함하고 있다. 모쪼록 이 책이 널리 보급되어 우리나라의 높은 갈등 비용을 줄이고 비즈니스 전반에 걸친 협상에서 문제해결식 접근이 이루어져 가치창조를 이루고, 또 당사자 간 관계를 오래 지속할 수 있는 협상기법이 전파될 수 있기를 소망하며 이 책을 적극 추천한다.

2024년 5월 1일
곽노성
한국협상학회 고문
동국대학교 명예교수(협상/통상)

차례

책을 내며 ………………………………………………… 5
추천사 …………………………………………………… 9

서문　비즈니스 협상 사례연구 목적과 방법 ….. 16

제1부　비즈니스 협상의 이론과 실무

제1장 비즈니스 협상의 분야와 특징 ……………… 23
제2장 비즈니스 협상의 기본 요소와 전략 ………… 35
제3장 비즈니스 협상의 과정관리와 절차 ………… 47
제4장 비즈니스 협상력 키우기 …………………… 59
제5장 비즈니스 협상의 스킬 ……………………… 64

제2부   비즈니스 협상의 사례

사례 1. 식품회사 M&A 협상 사례 73
사례 2. 벤처기업 인재 스카우트 협상 사례 90
사례 3. 곡물폐기물처리 계약 협상 사례................. 113
사례 4. 시트콤 리메이크권 수출 계약 협상 사례 ... 124
사례 5. 브랜드 사용료 협상 사례 144
사례 6. 감성 협상 및 코칭 기반 협상 사례............... 155
사례 7. 유통사와 임대업자 간 임차계약 사례 170
사례 8. 유통사와 물류사 간 물류비 협상 사례........ 188
사례 9. 채용, 재직, 퇴직의 실전 연봉 협상 사례...... 207

제3부   비즈니스 협상 사례의 비교분석과 시사점

제1장 비즈니스 협상 사례의 비교분석 231
제2장 비즈니스 협상 사례의 교훈과 시사점............ 242

각주_ 253
참고문헌_ 257
찾아보기_ 260

표차례

표 1.3.1 비즈니스 협상의 절차 45
표 1.3.2 협상가의 딜레마 55
표 2.1.1 식품회사 매각 협상의 쟁점과 입장 79
표 2.1.2 식품회사 매각 협상의 최종 제안 83
표 2.1.3 M&A협상의 구조분석 86
표 2.2.1 협상의 쟁점 97
표 2.2.2 4가지 형태 협상 98
표 2.2.3 거래 매트릭스 101
표 2.2.4 협상쟁점별 우선순위 105
표 2.2.5 쟁점별 합의사항 107
표 2.2.6 벤처창업 협상의 구조분석 110
표 2.3.1 협상의 쟁점과 과정 118
표 2.3.2 곡물폐기물 협상의 구조분석 121
표 2.5.1 기업집단별 연간 상표권 사용료 현황(2020년) 147
표 2.5.2 브랜드 사용료 협상의 구조분석 153
표 2.6.1 감성 협상 및 코칭 기반 협상의 구조분석 167
표 2.7.1 임차계약 협상의 구조분석 181
표 2.7.2 협상 준비(NPT, Negotiation Preparation Table) 183
표 2.8.1 물류비 협상의 구조분석 198
표 2.9.1 연봉 협상의 구조분석 219
표 3.1.1 비즈니스 협상 사례의 분류와 순서 232
표 3.1.2 비즈협상사례 비교분석 표 233
표 3.1.3 사례별 협상기법과 합의결과 240
표 3.2.1 사례별 핵심교훈 244

그림차례

그림 1.2.1 가치요구협상의 교섭범위 44
그림 1.2.2 통합적 협상의 교섭범위 45
그림 1.3.1 악순환 경로의존성 50
그림 1.3.2 선순환 경로의존성 50
그림 1.3.3 경쟁적 협상과 협력적 협상의 스펙트럼 56
그림 1.3.4 비즈니스 협상의 과정 계획. 57
그림 2.1.1 식품회사 인수합병 협상 구조 75
그림 2.2.1 창업인재 스카우트 협상 당사자 지도 ... 93
그림 2.2.2 창업인재 스카우트 협상의 연계도 95
그림 2.2.3 나일수와 김용준의 BATNA와 잠재적 합의 104
그림 2.3.1 곡물폐기물처리 계약 협상 구조 114
그림 2.4.1 Thomas-Kilmann의 5가지 갈등관리전략 131
그림 2.5.1 브랜드 사용료 산정에서 객관적 기준의 필요성 151
그림 2.6.1 8가지 핵심 코칭 역량 164

부록차례

부록 2.7.1 협상 준비(NPT, Negotiation Preparation Table) ... 186
부록 2.8.1 창조적 옵션 개발과 활용 방법 202
부록 2.9.1 조건부 협상과 BATNA 활용 방법 222

서문 비즈니스 협상 사례연구 목적과 방법

1. 사례연구의 배경과 목적

어떤 기업이나 조직이 인적, 물적 자원을 획득하고 조직하고 관리하기 위해 다양한 의사결정과 거래를 실행해야 한다. 기업이 상거래를 하면서 발생하는 협상을 어떻게 하느냐는 기업의 생존과 발전에 지대한 영향을 미친다. 그래서 비즈니스 협상을 효과적으로 실행할 수 있는 실무적 스킬과 사례의 필요성이 대두한다. 그런데 협상의 일반적 이론과 스킬은 쉽게 접할 수 있으나 현장에서 실제 일어난 협상의 잘 정리된 사례를 만나기는 쉽지 않다.

거래가 이루어지는 현장에 협상이 발생하는 분야는 매우 다양하다. 국가 간의 FTA와 같은 외교협상, 해외 바이어 대상으로 한 제품의 수출협상, 한 기업을 매각 인수하는 M&A 협상, 부품조달을 위한 원청회사와 협력업체 간 부품납품 협상, 또 근로자의 임금을 교섭하기 위해 노동조합과 사용자 간 단체교섭이 있고 신입사원이나 경력사원의 연봉을 결정하기 위한 연봉 협상도 있다.

이러한 비즈니스 협상을 효과적으로 완수하기 위한 방법은 담당하는 협상가가 협상의 구조를 분석하고 협상의 댄스를 잘 이끌어가는 실무적 노하우와 스킬을 연마하고 적용하는 것이다. 이론적으로 아무리 설명하여도 실제 상황에 대한 감이 생기지 않으면 협상을 진행하는데 애로를 느낄 수 있다. 바로 이러한 현장의 실무를 들여다 볼 수 있는 방법이 선험자들의 실제 사례를 들어보는 것이다.

이와 같은 배경에서 이 책은 기업의 상거래와 연봉 협상 등 비즈니스 상의 협상을 대상으로 실제 사례를 발굴하여 일정한 구조로 분석하고자 한다. 각자가 다루는 사례들은 실제로 경험한 사례이며 일정한 분석틀로 스토리를 소개하고 과정과 결과를 정리한 후 사례의 특징과 교훈을 제시하고 있다. 사례분석으로부터 비즈니스 협상의 기본적 이해와 실무적 느낌을 획득하기 위해 실무적 전략과 스킬을 먼저 설명하고 사례 소개 후 사례의 비교분석도 시도하였다.

2. 사례연구의 방법

비즈니스 협상의 사례를 흥미롭게 그리고 유익하게 독자들에게 전달하기 위해 다음의 사항들을 연구방법으로 고려하였다.

첫째, 이야기 스토리 형태로 사례를 작성하고자 하였다. 사례의 특성에 따라 스토리 형태를 만들기 어려울 수도 있으나 가능하면 어떤 배경으로 시작하였고 어떤 과정으로 진행되었는지를 서술함으로써 독자들에게 흥미를 유발하고자 하였다.

둘째, 사례를 체계적이면서 구조적으로 분석하여 이해하는 데 도움이 되고자 하였다. 스토리만 읽어서 그 속의 특징을 살펴보기 어려울 수도 있기 때문에 협상적 도구를 이용하여 사례 속을 들여다봄으로써 사례를 더 잘 이해하도록 구조화하였다.

셋째, 각기 다른 사례를 일정한 형태로 공동의 목차를 구성하여 서술하도록 하였다. 사례들이 서로 달라 공동의 패턴이 없이 서술하면 사례를 비교하는데 어려움이 있기 때문에 사례의 다양성에도 불구하고 가능한 한 동일한 목차에 따라 서술하고자 하였다.

1. 협상의 배경
2. 협상의 당사자와 쟁점
3. 협상의 전략과 준비

4. 협상의 진행과정

5. 협상의 결과와 합의사항

6. 협상의 특징과 교훈

넷째, 사례를 효과적으로 분석한 구조분석의 틀을 비교분석하기 위해 하나의 표에 요약하였다. 구조분석에 들어간 항목은 협상당사자(직접, 간접), 협상쟁점, 입장, 이해관계, 협상기법, 조력자 또는 조정중재인이다. 이들 항목을 교차로 비교함으로써 보다 쉽게 사례를 이해하고 상대적 형상을 파악할 수 있다.

다섯째, 협상사례에서 사용된 기법이 무엇일지 정리해 보았다. 전체 사례에서 협상기법의 빈도를 분석하여 비즈니스 협상에서 자주 사용되는 기법들이 무엇인지 파악하여 비즈니스 협상을 준비하는 협상가들이 익혀야 할 기법을 제시하였다.

여섯째, 사례분석을 통해 협상에서 도움을 줄 수 있는 교훈을 정리하였다. 각 사례에서 도출한 교훈을 종합하여 빈도를 분석함으로써 많이 언급되는 교훈을 제시하였다.

일곱째, 종합적인 사례분석의 시사점을 제공하고자 하였다. 9가지의 비즈니스 협상 사례를 분석한 결과 비즈니스 협상가라면 협상을 임하면서 갖추어야 할 준비, 전략, 스킬, 정보, 감정, 소통을 효율적으로 구사할 수 있는 방법들을 제시하였다.

사례분석에서 도출한 교훈과 시사점을 종합 정리함으로써 어떤 보편적인 지식이나 특수한 지식을 발견할 수 있다. 이렇게 비교평가 및 분석으로부터 이론에 부합하든 이론에 부합하지 아니하든 도출된 비즈니스 협상의 지식들은 현장에서 나온 암묵지로서 학문발전과 현장전문성 개발에 중요한 기여를 할 것으로 사료된다.

제1부

비즈니스 협상의 이론과 실무

제1장 비즈니스 협상의 분야와 특징

제2장 비즈니스 협상의 기본 요소와 전략

제3장 비즈니스 협상의 과정관리와 절차

제4장 비즈니스 협상력 키우기

제5장 비즈니스 협상의 스킬

제1장 비즈니스 협상의 분야와 특징

1. 비즈니스 협상의 정의

　국어사전에서는 '비즈니스는 어떤 일을 일정한 목적과 계획을 가지고 짜임새 있게 지속적으로 경영하는 것'이라고 정의함으로써 매우 포괄적으로 규정하고 있다. 백과사전에서는 조금 구체적으로 비즈니스를 정의하고 있다. 위키백과에서는 '비즈니스(business) 또는 사업(事業)을 물건이나 용역을 고객이나 다른 사업체에 판매할 수 있을 만큼의 경제적 자유를 누릴 수 있는 국가 안에 존재하는 법적으로 인식되는 조직체나 활동'이라고 정의하고 있다.[1] 핵심적인 표현은 '물건이나 용역을 고객이나 다른 사업체에 판매하는 활동'이라 추출할 수 있다.

영어 Wikipedia 백과사전에서는 비즈니스를 '재화와 용역과 같은 제품을 생산, 구매 또는 판매함으로써 삶을 영위하거나 돈을 버는 행위이고 이윤을 추구하는 활동이나 기업이기도 하다.'라고 정의하고 있다[2]. 영어백과사전은 범위를 조금 넓혀서 '판매 뿐 아니라 구매, 생산까지 포괄'하고 있다. Cambridge 사전에서는 '재화와 용역을 구매하고 판매하는 활동'이라고 비즈니스를 간단하게 정의하고 있다.

박주홍(2019)은 비즈니스 협상(Business Negotiation)은 기업 활동과 관련된 협상과제를 해결할 목적으로 최소한 둘 이상의 서로 다른 협상 당사자들이 합의를 이끌어내는 과정을 의미한다.[3] 기업 활동과 관련된 모든 협상을 비즈니스 협상으로 봄으로써 상당히 포괄적으로 규정하고 있다. 이에 비해 송이재(2019)는 비즈니스 상에는 항상 뭔가를 사고 파는 거래가 따라 붙게 되고 자신의 이익을 위해 상대를 설득시키는 협상전략이 수반된다고 간접적으로 비즈니스 협상을 설명하고 있다.[4]

한정적이긴 하지만 해외의 몇 개 문헌을 소개하면 다음과 같다.
- 비즈니스 협상이란 둘 이상의 당사자들이 상호관심사를 결정하고 갈등을 해결하고 가치를 교환하기 위해 공통점을 발견하고 합의에 이르고자 하는 과정이다.[5] 비즈니스 협상이란 당사자들 간의 차이를 조정하고 갈등을 공동으로 해결하는 커뮤니케이션 채널이다.[6]

- 비즈니스 협상이란 근로자보상, 비즈니스획득, 상인가격과 판매, 부동산임대, 계약의무이행 등에 적용되는 협상이다.[7]
- 상업협상이란 구매자와 판매자가 합의에 이르기 위해 행하는 계획, 검토, 분석 및 기타 활동을 말한다.[8]

앞의 비즈니스와 비즈니스 협상의 정의를 활용하고 정리하여 이 책에서 비즈니스 협상의 정의를 제안하고자 한다.

"비즈니스 협상이란 상품과 자본 및 노동의 판매와 구매에서 합의에 이르기 위한 당사자들의 협상 활동을 말한다."

여기에서 상품(commodity)이란 생산의 결과물로서 판매에 공급되는 재화(goods)와 용역(service)를 말하고 자본(capital) 및 노동(labor)은 생산에 투입되는 요소를 말한다. 생산과정에 투입되는 생산요소로서의 재화와 용역은 중간재로서 상품에 포함된다. 재화와 용역의 종류도 좀 더 자세히 열거하는 것이 비즈니스 협상 분류를 위해서도 도움이 된다.

재화란 재산 가치가 있는 물건 및 권리를 말하며, 과세대상이 되는 물건과 권리의 구체적 범위는 다음과 같다(부가가치세법 제2조, 부가가치세법 시행령 제2조).

» **물건**

상품, 제품, 원료, 기계, 건물 등 모든 유체물

전기, 가스, 열 등 관리할 수 있는 자연력

» **권리**

광업권, 특허권, 저작권 등 물건 외에 재산 가치가 있는 모든 것

용역이란 재화 외의 재산 가치가 있는 모든 역무 및 그 밖의 행위(재화·시설물 및 권리를 사용하게 하는 행위 등)로서 다음 사업에 해당하는 모든 역무 및 행위를 말한다(부가가치세법 제2조, 부가가치세법 시행령 제3조).

① 건설업

② 숙박 및 음식점업

③ 운수 및 창고업

④ 정보통신업(출판업과 영상·오디오 기록물 제작 및 배급업은 제외)

⑤ 금융 및 보험업

⑥ 부동산업. 다만 다음의 사업은 제외한다.(부가가치세 과세대상인 부동산업 및 임대업의 범위에서 제외)

㉠ 전·답·과수원·목장용지·임야 또는 염전임대업

ⓛ「공익사업을 위한 토지 등의 취득 및 보상에 관한 법률」제4조에 따른 공익사업과 관련해 지역권·지상권(지하 또는 공중에 설정된 권리를 포함)을 설정하거나 대여하는 사업

⑦ 전문, 과학 및 기술 서비스업과 사업시설 관리, 사업 지원 및 임대서비스업

⑧ 공공행정, 국방 및 사회보장 행정

⑨ 교육서비스업

⑩ 보건업 및 사회복지 서비스업

⑪ 예술, 스포츠 및 여가관련 서비스업

⑫ 협회 및 단체, 수리 및 기타 개인서비스업과 제조업 중 산업용 기계 및 장비 수리업

⑬ 가구내 고용활동 및 달리 분류되지 않은 자가생산활동

⑭ 국제 및 외국기관의 사업

2. 비즈니스 협상의 분류

앞의 비즈니스 협상의 정의를 적용하여 그 분류를 몇 가지로 나누어볼 수 있다. [9]

1) 마케팅 협상

-가격관련 협상: 납품가격, 수출가격, 이전가격

-제품관련 협상: 브랜드, 포장, 제품보증, 리콜, 할부

-유통관련 협상: 중간상선정, 보관업체선정, 운송업체선정

-촉진관련 협상: 광고대행사선정, 광고매체선정, 판매촉진업체선정

2) 재무 협상

-자본조달 협상: 주식발행, 은행차입, 회사채발행

3) 생산 협상

-원자재 협상: 납품가격, 납품수량, 납기일, 품질확보

-운송업체 협상: 운송비용, 운송시간, 운송수량, 운송클레임

-창고업체 협상: 창고비용, 보관기간, 보관수량, 보관클레임

4) 인사 협상 [10]

-고용관련 협상: 모집, 선발, 배치, 이직, 해고단체교섭

-보상관련 협상: 연봉, 급여, 임금단체교섭, 복지단체교섭

-교육훈련관련 협상: 교육비지원, 교육시간, 교육휴가

-근무환경관련 협상: 노동환경, 근무형태

비즈니스 협상의 주체별로 구분해보면 다음과 같다. [11]

-개인과 기업 간 비즈니스 협상: 소비자와 기업 간의 협상, 제

품매매, 제품 리콜, 고객불만처리

   -집단과 기업 간 비즈니스 협상: 노동조합과 기업 간, 소비자단체와 기업 간, 지역주민 단체와 기업 간 협상

   -기업과 기업 간 비즈니스 협상: 구매와 판매협상, 합작투자, M&A,

   -국가와 기업 간 비즈니스 협상: 정부조달 관련 협상

3. 비즈니스 협상의 특징

1) 이슈가 구체적이다

비즈니스 협상에서의 이슈는 가격, 수량, 품질보증, 지불기한 등 구체적이고 양적 측정이 가능한 것이 특징이다. 비즈니스 협상의 이슈는 교환과 거래에서 발생하는 이슈들이다.

구체적이지 않은 프로세스, 의사결정, 왕따, 배반 등 갈등에서 나타나는 질적 문제는 비즈니스 협상에서 잘 다루지 않는다. 갈등협상의 이슈는 인간관계에서 가치나 의견차이로 발생하는 갈등의 이슈들이다.

2) 이슈가 단일인 경우는 경쟁적 협상이 일반적이다

가격, 수량, 지불기한 등 이슈가 단 하나인 경우에는 서로 입장의 차이가 양극화하여 제로섬게임으로서 경쟁적 협상 형태가 일반적이다. 하나의 이슈에 대해 양측이 밀고 당기며 협상하다가 결렬되거나 아니면 적절한 중간선에서 타협으로 합의에 이르거나 둘 중에 하나가 된다.

3) 이슈가 복수인 경우는 경쟁적 협상과 협력적 협상이 모두 가능하다

이슈가 복수이면 여전히 양측이 입장을 고수하여 이기거나 유리하게 합의를 하려고 하는 한 경쟁적 협상이 나타난다. 이슈가 복수이면서 양측이 상호 이해관계와 선호도를 충족하는 방향으로 합의를 도출한다면 윈윈의 협력적 협상이 가능하다.

4) 이슈별로 목표와 합의가능영역(ZOPA)을 설정할 수 있다

이슈가 구체적이므로 특히 단수로 협상할 경우에 목표와 최대양보선 또는 최저선을 설정할 수 있다. 양측의 협상가가 설정하는 최대양보선이 중복되는 영역을 합의가능영역이라고 하며 그것이 정(正)의 값을 가질 때 합의가능한 영역이 존재함을 의미한다.

이슈가 복수인 경우에도 이슈별로 목표와 합의가능영역을

설정할 수 있고 이슈를 묶어서 패키지로 그렇게 할 수도 있다. 이슈별 합의가능영역을 산출하는 것은 단수의 이슈에 대한 경쟁적 협상과 동일하다. 이슈를 패키지로 묶을 경우 최대양보패키지와 동일한 효용가치를 주는 패키지 곡선(등효용곡선)이 양측 사이에 겹치는 영역이 합의가능영역으로 도출할 수 있으며 협력적 협상이 가능해진다.

5) 비즈니스 협상에서 BATNA(결렬 시 최선대안)는 명쾌하게 판단할 수 있다

구매자의 BATNA는 협상하고 있는 상대방 판매자를 대체할 또 다른 판매자가 존재하는지, 그 중에서 최선이 누구인지로 결정된다. 판매자의 BATNA는 협상하고 있는 상대방 구매자를 대체할 또 다른 구매자가 존재하는지, 그 중에서 최선이 누구인지로 결정된다.

6) 비즈니스관계가 중요한 고려사항이다

비즈니스 협상에서 이슈가 제일 중요한 사항이지만 양측이 상호 관계를 어떻게 설정할 것인지도 중요한 사항이다. 관계가 무시되는 협상은 미래에 거래가 예상되지 않거나 일시적 거래가 있는 경우이며 관계는 무시하고 이슈만 집중하면 된다. 관계가 있지만 중요하지 않는 협상은 미래에 거래가 있다 해도 큰 의미가 없거나 특별한 거래적 의미가 없어 이슈 중심의 협상에 집중하면 된다.

관계가 매우 중요한 협상은 과거에도 거래가 있었고 미래에도 거래가 예상될 뿐 아니라 거래가 기업의 생존이나 매출에 중요한 역할을 하는 경우이며 이 경우 이슈와 관계를 모두 잘 다루어야 하고 때로는 이슈보다 관계를 더 고려한 거래를 해야 할 수도 있다.

7) 비즈니스 협상은 조직을 대표해서 협상하는 구조이다.

개인의 협상은 자기 자신을 위해 개별적으로 물건을 사고 파는 거래를 하게 되지만 비즈니스 협상은 회사나 어떤 형태의 조직을 위해 대표로서 거래에 참여하는 협상이 많다. 소속 단체의 협상팀으로서 또는 협상대표로서 협상에 임하고 있기 때문에 해당 단체의 대표의 최종의사가 협상합의에 제일 중요하므로 대리자로서 역할을 잘 염두에 두어야 한다. 협상팀으로서 협상에 참여할 경우 협상팀 내에서의 내부협상도 원만하게 잘 실행하여 일관성 있고 단합된 의견을 만들어내는데 신경을 써야 한다.

10) 현금과 자금동원력이 클수록 협상력이 높아진다.

　동일한 상황이면 현금으로 구매하는 구매자가 물품을 공급하여 현금을 받으려는 판매자보다 파워가 더 세다. 일반 소비자가 현금으로 물품을 구매할 때나 제품생산업체가 부품을 구매할 때 강력한 현금 구매력을 행사한다. 자금동원력이 클수록 신용거래와 지불능력이 높기 때문에 협상에서 우위를 점하고 파워를 행사할 수 있다.

8) 상대의 양보와 타협을 얻기 위한 정보와 설득의 힘이 중요하다.

비즈니스 협상에서 이슈가 단일이면 경쟁적 협상으로 타협이 최선이고 이슈가 복수이면 협력적 협상으로 이해관계가 많은 이슈 중심으로 배려하는 타협이 필요하다. 이런 과정에서 상대로부터 양보와 타협을 얻어내기 위해서 상대가 납득할 수 있는 정보와 논리를 이용해서 상대를 설득하는 것이 매우 중요하다. 주어진 이슈에서 상대가 움직일 수 있는 근거는 합당한 정보와 논리에 바탕을 둔 설득과 권유에서 나온다.

9) 비즈니스 협상은 구매자와 판매자 간의 수요공급의 법칙을 반영한다.

판매자보다 구매자가 많으면 가격은 올라가고 그 반대이면 가격은 내려간다. 판매자나 구매자나 독점력이 높을수록 파워가 더 세다. 부품을 공급하는 공급업체가 많고 이를 구매하는 원청업체가 소수인 경우 원청업체가 갑의 파워를 행세한다. 핵심 부품을 공급하는 공급업체가 하나이고 이를 구매하는 생산업체가 다수인 경우 공급업체가 독점적 파워를 가진다.

제2장 비즈니스 협상의 기본 요소와 전략

1. 비즈니스 협상의 원칙

비즈니스 협상은 고객, 원자재 공급자, 투자자, 연합그룹, 정부, 이해관계그룹, 노동조합 등 다양한 대상들과 협상하는 것을 모두 포함하는 포괄적인 개념이다. 협상에서 만날 수 있는 공통적인 원칙을 정리하면 다음과 같다. [12]

원칙 1: 협상은 구조가 있다.

모든 협상은 당사자와 쟁점을 포함하고 있으며 이것은 예측 가능한 역동성을 만들어내게 된다. 이러한 구조의 분석이 없으면 호되게 당하거나, 복잡한 늪에 빠지거나, 위협이 나타날 때

무방비한 상태가 될 수도 있다.

원칙 2: 구조는 전략을 만든다.

상황과 구조에 전략이 연결되므로 협상의 일률적인 방법이 존재하는 것은 아니다. 당사자의 숫자가 전략을 만들어내게 된다. 예를 들어 자동차를 판매하는 두 사람 간의 협상은 상대를 설득해서 자신을 유리하게 하는 경쟁전략을 취하면 된다. 반면 다국적기업의 합병 협상의 경우에는 내부 지지를 획득하고 외부의 규제당국과 이해관계자들의 승인을 받아야 하므로 연합구축이 필요하다. 이 연합구축전략은 두 사람 간의 협상에서는 필요하지 않다.

원칙 3: 협상의 구조는 만들어질 수 있다.

협상의 구조는 절대로 고정되어 있지 않다. 원칙 2에서 구조는 전략을 만든다고 했는데 전략도 구조를 만들 수 있다. 즉, 누가 협상테이블에 앉고 쟁점이 무엇이 될지에 영향을 주기 위해 취해지는 행동에 의해 전략은 구조를 만들어낼 수 있다. 예를 들어 노련한 협상가는 양자 간 협상을 다자 간 협상으로 변형함으로써 구조를 바꿀 수 있다.

원칙 4: 과정통제는 힘의 근원이다.

협상에서 이해관계, 입장, 제안 같은 실체들에 매몰되기 쉬운데 과정통제가 파워를 만들어 낸다. 누가 누구를 접촉할지, 누가 언제 어떤 정보를 접근할지를 관리하면서 정보흐름을 통제하는 것이 과정통제의 한 방법이다. 유능한 협상가는 논의를 구조화하고 지지를 얻을 수 있는 순서대로 사람들을 접촉하는 중요성을 이해하고 있다. 어떤 경우에는 1대1 협상을 하고 어떤 경우에는 집단협상을 해야 함을 이해하고 있다.

원칙 5: 협상의 흐름은 통로를 만들 수 있다.

협상의 시작에서 합의까지 순탄하게 진행되지 않을 경우가 많다. 예를 들어 공동의 이해관계를 식별하고 바람직한 미래비전을 개발하는 것은 상대방으로 하여금 바람직한 합의로 이끌 수 있다. 말하자면 협상이 흐르는데 다른 곳으로 가거나 되돌아가지 못하게 하는 장치를 만들어내는 것을 의미한다.

원칙 6: 효과적 협상가는 학습을 조직한다.

효과적으로 학습하기 위해 조직하는 사람은 협상에서 큰 이득을 얻는다. 혁신적 협상가는 위협과 기회를 결합하면서 환경에 관한 정보에 몰입한다. 또 그들은 정보의 원천을 체계적으로 식별하고 지능 획득을 지원하는 관계 네트워크를 구축한다. 효과적으로 협상하는 지식은 값진 자원이다. 개인적 역량을 개발하는 것에만 집중하지 말고 조직학습의 관리에 집중하는 것이 중요하다.

원칙 7: 위대한 협상가는 지도자이다.

위대한 지도자는 위대한 협상가이고 위대한 협상가는 위대한 지도자이다. 개인 협상가의 행동이 복잡한 협상의 결과를 개선할 수 있다. 협상가로서 최고경영자가 기업을 인수하기로 결정하거나 협상가로서 국가지도자가 새로운 국제교역국과 협상하기로 했을 때 좋은 결과를 얻지만 중간관리자 협상가가 조직을 대표할 때도 마찬가지다. 협상가는 외부협상, 내부협상, 내-외부협상의 상호작용도 관리해야 한다. 유능한 협상가는 소극적 중재자가 되어서는 아니 되고 중간지점에서 자신의 조직과 상대방의 조직의 인식을 만들어나가야 한다.

2. 비즈니스 협상의 기본 요소

비즈니스 협상을 실행해야 할 상황이 발생하면 먼저 협상의 상황을 설명해줄 기본적 요소를 파악하고 진단해야 한다. 말하자면 협상을 둘러싼 상황을 파악해야 어떻게 진행할지를 알 수 있다. 이제 비즈니스 협상의 상황을 설명하는 7가지 기본 요소를 소개한다.

1) 당사자

비즈니스 협상에 참여할 당사자는 누구인가? 어떻게 보면 당사자는 지극히 당연할 수가 있다. 그러나 분명하지 않고 드러나지 않지만 직접 당사자와 연관성을 가지는 간접 당사자들이 보이지 않는 방법으로 은연중에 들어와 협상에 영향을 줄 수도 있다. 간접적 당사자들을 참여시키는 것이 과연 자신에게 도움이 될지는 잘 살펴봐야 한다. 그래서 협상에 관련되어 있는 모든 당사자들을 식별해내야 한다. 직접 당사자는 물론이거니와 잠재적 당사자도 파악해야 한다.

두 명 이상의 협상에서는 대부분 연합을 만들 수 있는데 지원하는 연합이나 반대하는 연합 모두 다 가능하다. 이렇게 연합을 하게 되면 협상 파워를 높일 수 있다. 상대방이 연합을 해서 나올 것에 대비해서 이쪽에서도 연합을 해야 할 지도 모른다.

당사자라 하더라도 의사결정을 할 수 없는 당사자가 있을 수 있다. 말하자면 협상테이블에 없는 별도의 의사결정권자가 승인을 해야 결정되는 경우가 있는데 이를 파악해야 한다. 만약 상대방 협상가와 의사결정권자가 다를 경우 의도적으로 구분해서 협상에 임하는 것이 아닌지 알아야 하고, 그들의 이해관계가 일치하지 않고 다르다면 협상에서 주의해서 대처해야 한다. 후자의 경우는 주인대리인문제(Principal-Agent Problem)이 발생하는 구조임을 알아야 한다.

2) 규칙

진행하고자 하는 협상의 당사자들이 따라야 하는 규칙을 점검하는 것은 중요하다. 규칙에는 법률과 규정, 사회적 관습 그리고 전문적 행동규범 등을 포함하고 있다. 먼저 본 협상에 어떤 법률과 규정이 적용되어 준수해야 하는지 확인해야 한다. 노동관계법, 지적재산법, 소비자보호법 등 법률이 적용된다면 그 조항과 내용이 무엇인지 알아야 한다. 당사자들 내부에서 지켜져야 할 계약관계나 기술개발의 경쟁조항에 배치가 되는지 등 사회적 관습이나 행동규범을 지켜할 부분이 있는지도 살펴보아야 한다.

3) 쟁점

협상의 주제라 할 수 있는 쟁점(issue) 또는 이들의 묶음인 사안(agenda)을 설정해야 한다. 당연해 보일 수도 있는 쟁점이 고정되어 있다고 확정해 있으면 위험할 수 있다. 당사자들이 서로 선호하는 쟁점을 고집할 수도 있다. 물밑에 숨어 있는 잠재적인 쟁점이나 서로 연관된 쟁점, 우발적으로 발생할 수 있는 쟁점 등 철저하게 모든 가능한 쟁점들을 식별해내는 것이 필요하다.

쟁점이 묶여져서 묶음으로 했을 때 혼합될 수 있기 때문에 쟁점을 세분화할 필요가 있다. 보상이라도 연봉, 스톡옵션, 부가급여 등 세분화된 쟁점으로 구분해 놓고 협상해야 한다.

관계가 쟁점이 되는지를 확인할 필요가 있다. 거래협상에서는 관계가 쟁점이 되지 않지만 분쟁해결에서는 관계가 쟁점이 될 수 있다. 갈등이 인식을 왜곡시키고 소통을 파괴하고 화해를 일축하는 경향이 있다. 그래서 분쟁에서 관계가 중심 쟁점이 되는 경우에는 초기에 관계를 다루어야 한다.

어떤 유해한 위험한 쟁점은 합의하기가 매우 어렵다. 예를 들어 회사가 합병하고 난 다음 누가 통합 CEO가 되는지와 같이 극단적으로 경쟁할 수 있는 쟁점이 유해한 쟁점이다. 이 유해한 쟁점은 거래가 성사된 이후로 미루는 것은 신중해야 한다. 전체 과정에 그림자를 드리우지 않게 초기에 해결하는 것이 최선일 수 있다.

4) 이해관계

이해관계는 당사자들이 추구하는 기본적 목표와 욕구를 말한다. 이해관계를 분석함으로써 가치를 창조하는 방법을 발견할 수 있다. 이해관계를 탐구하면서 가치를 창조하는 3가지 원칙을 명심해야 한다.

- 공유 이해관계를 찾아내라. 서로 관심이 있고 공동으로 달성할 수 있는 것을 찾는다.

- 상호 이익이 되는 거래를 제안하라. 상대에게 가치 있는 것을 주고 대신 자신에게 가치 있는 것을 가지도록 교환한다.

- 불확실한 계약을 확실하게 하라. 상대방을 완전히 믿지 못할 경우 자신의 취약성을 최소화하고 가치창조를 제약하는 자기방어를 피하는 방법을 찾아야 한다. 예를 들어 기준이나 원칙을 정해둔다거나 의사결정이나 분쟁해결조항을 합의에 포함하거나 또는 감독기능을 부가하는 방법들이 있을 수 있다.

5) 대안

대안은 협상에서 합의가 이루어지지 못할 경우 할 수 있는 방법들이다. 로저 피셔와 윌리암 유리가 제안하였듯이 BATNA(Best Alternative to a Negotiated Agreement: 협상의 합의에 대한 최선의 대안)라는 말로 이를 설명하고 있다. BATNA가 좋을수록 합의가 좋아질 가능성이 높다.

그 다음은 결렬점(walk-away position) 또는 최저점을 정해야 한다. 이것은 합의를 할 수 있는 마지막 최저 수준을 말하며 그 아래로 합의해서는 안 되고 결렬시켜야 할 점을 말한다.

연합의 BATNA에 대한 효과를 개발해본다. 두 사람 이상의 당사자들이 협상할 때 BATNA와 결렬점을 설정하기 어렵다. 이때 연합을 결성하면 BATNA를 만들고 개선하기 쉽다.

시간 영향을 고려할 필요가 있다. 시간이 경과하면 BATNA가 개선될 수도 있다. 그래서 상대가 BATNA를 개선하는 여유를 가지기 전에 시간 제약을 걸어둠으로써 상대를 압박할 수도 있다.

BATNA를 과신하지 말고 현실적 평가를 해야 한다. 법원에서 승소할 것이라는 과신을 하는 것은 합의로 해결하려고 하지 않아 법률분쟁을 해결하는데 큰 장애가 된다. 필요하면 법률자문을 받을 필요가 있다.

6) 합의

ZOPA를 발견하라. 양측의 결렬점 사이의 영역이 ZOPA, 협상가능영역 또는 교섭범위(bargaining range)라고 한다. 협상을 잘 하기 위해서는 ZOPA를 잘 파악해야 한다.

분배적 협상의 ZOPA: 완전 가치요구(value claiming) 협상의 교섭범위는 이 ZOPA이다.

그림 1.2.1 가치요구협상의 교섭범위

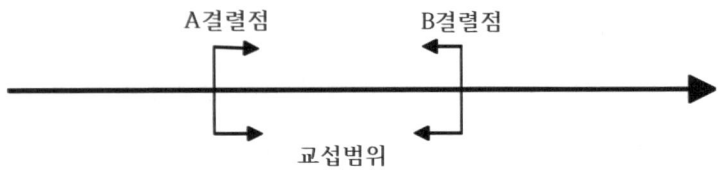

출처: Watkins(202), p.33.

통합적 협상의 ZOPA: 현실세계에서는 가치요구만 하는 경우는 많지 않고 가치창조(value creating)인 경우가 많다. 협력과 상호호혜적 거래를 통해 파이를 증가시키는 것이다. 통합적 협상은 이해관계를 통합하고 가치를 창조(파이확대)하는 노력과 가치를 요구(파이분배)하는 노력을 결합하는 협상이다. 가치장조는 여러 가지 쟁점을 동시에 협상하면서 패키지딜을 만들어냄으로써 성취할 수 있다.

좋은 정보의 힘을 이용해야 한다. 정보를 공유함으로써 가치를 창조할 수 있는데 공유하는 정도가 차이가 나서 정보 비대칭성이 발생하면 유익한 정보를 많이 가진 당사자가 유리한 협상결과를 얻을 수 있다. 그래서 협상 사전정보수집과 협상테이블에서 효과적 학습이 매우 중요하다.

미래의 불확실성에 대해 면밀히 탐색해야 한다. 미래의 극단적인 불확실성이나 높은 지분이 걸려 있는 경우 시나리오 계획을 구상하는 것이 좋다. 최선의 짐작, 낙관적 시나리오, 비관적 시나리오와 같은 일련의 가능한 시나리오를 개발할 필요가 있다. 잠재적 우발성을 탐구하고 이를 고려한 거래를 만들기 위해 시나리오를 이용할 수 있다. 그러한 시나리오가 없으면 기대치 않은 결과로 공격을 당할 수도 있다.

그림 1.2.2 통합적 협상의 교섭범위

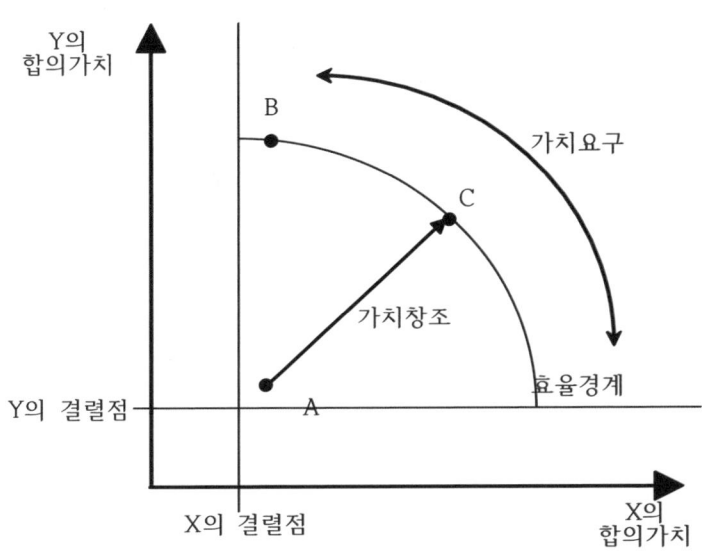

7) 연결

　단일한 협상은 드물며 대부분 다른 부대 협상과 연계되어 있는 경우가 많다. 협상가의 BATNA는 그러한 연계성에 의해 영향을 받는다. 연계된 협상의 도식을 그려보자. 자신의 연계 협상도 그리고 상대방의 연계협상도 그려보는 것이 좋다. 연계협상에는 분리 쟁점의 시너지 연계, 순차적 연계, 경쟁적 연계, 상응하는 연계 등이 있다. 연계체계를 재구성하는 것이 유익하다. 연계체계를 유리한 방법으로 재구성함으로써 이익을 얻을 수 있다.

제3장 비즈니스 협상의 과정관리와 절차

협상테이블에 가기 전에 해야 할 세 번째 할 일은 바로 과정관리이다. 누가 과정관리를 통제하는지가 협상의 실제와 성과에 강력하게 영향을 준다. 특히 협상이 복잡하고 애매하고 불확실한 상황에서 과정통제의 영향력이 크다.

1. 거시적 흐름

협상의 절차는 표 1.3.1에서 요약된 바와 같이 크게 3가지 단계로 구분하여 볼 수 있다.

표 1.3.1 비즈니스 협상의 절차

단계	단계 명	내용
1단계	진단 단계	협상과 대안의 장점을 평가해보고 목적에 맞는 정보를 수집하고 사전답사 대화에 참여하게 된다.
2단계	공식 단계	합의를 위한 상부 구조로 작동할 핵심적 원칙과 거래인 기본공식을 추구한다.
3단계	구체적 교섭단계	당사자들이 특별한 조항들을 교섭한다.

출처: Watkins(2002), p.79.

2. 미시적 상호작용

　당사자들이 정보를 공유하고, 제안하고, 양보하는 미시적 상호작용의 복잡한 순서들이 나타난다. 거시적 흐름이 멀리서 본 강의 흐름이라면 미시적 상호작용은 가까이에서 본 파도와 해오리 같은 미세한 흐름을 말한다.

　첫인상: 문화적 사회적 규범에 예민한 협상가에게는 첫 인상 같은 초기 상호작용이 변하지 않고 오래 간다.

비가역성: 한번 양보한 후 되돌리려면 신뢰와 명성에 손상을 가하기 때문에 양보를 다시 되돌릴 수 없게 된다.

임계점: 협상이 임계점에 도달하면 작은 움직임도 큰 변화를 가져온다.

악순환과 선순환: 상호작용 유형이 일단 설정되면 자동 진행된다. 결과는 바람직한 결과로 진행되는 선순환이 있고 붕괴되어가는 악순환이 있다.

경로의존성: 선택한 경로가 지속되는 경향이 있다.[13] 악순환과 선순환을 정리하면 다음과 같으면 그림 1.3.1과 1.3.2에서 시각적으로 볼 수 있다.

악순환 = 준비부족 -> 취약느낌 -> 보상엄격 -> 상대반응 유발 -> 소통장애와 입장교섭강화 -> 부적절 학습

선순환 = 효과적 준비 -> 상호신뢰 -> 사려 깊은 정보공유 -> 상대반응 유발 -> 효과적 학습

그림 1.3.1 악순환 경로의존성

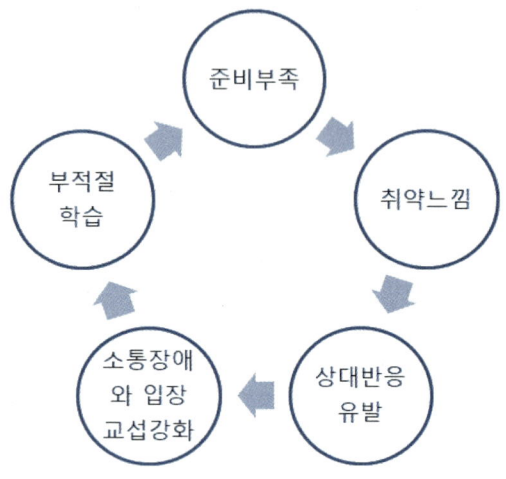

그림 1.3.2 선순환 경로의존성

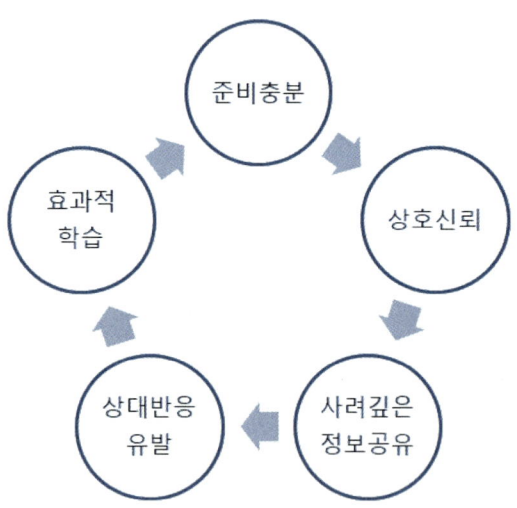

3. 정신적 진행 렌즈 [14]

머릿속에 있는 정신적 요소들이 과정과 결과를 결정적으로 만들어 내기도 한다. 이러한 정신적 요소들이 사건과 상호작용의 흐름과 더불어 나란히 진화한다.

1) 정신적 모델

정신적 모델은 관찰과 경험한 것을 해석하도록 조절하고 있다. 정신적 모델은 원인과 결과에 대한 믿음, 다른 사람의 의도, 역사의 교훈을 구체화한다. 형성된 정신적 모델은 경직성을 촉진시키고 새로운 환경에서 학습을 차단한다. 예를 들어 고착된 편견, 왜곡 등이 이에 속한다.

2) 동기유발 추진

내부 심리적 욕구로 협상가는 움직인다. 다음 요소들은 어느 정도씩은 존재하는데 어느 것이 지배적이냐가 특징으로 나타난다. 즉, 과정 통제, 파워 행사, 평판 유지, 일관성 유지, 관계 유지 등이 이러한 동기유발을 촉진하게 된다.

3) 열망

협상가는 마음속에 목표를 가지고 협상에 임한다. 열망은 심리적 붕괴 없이 넘을 수 없는 선(red lines)과 기쁨을 주는 성과의 두 가지 형태를 취한다. 목표설정은 주관적이다. 초기의 기준점과 비교해서 성공을 측정한다. 상대방이 목표에 대한 집착도 문제가 된다. 높은 목표는 낮은 목표보다 더 낫지만 비현실적 기대는 합의의 장애로 작용한다. 목표에 과잉 집착의 해결방법은 스킬 훈련, 유연성, 체면 유지, 타협 능력 등이다.

4) 감정

화를 적절하게 내는 것은 어쩌다가 사용한다면 해결책을 줄 수도 있다. 감정은 지속적이고 협상과정을 복잡하게 만드는 찌꺼기를 만들어낸다. 협상 과정이 유리하게 움직이면 낙관이 생기고 협상 과정이 잘 진척되지 않으면 낙담이 생긴다. 그러나 과신은 곤경을 만들 수 있고 낙담은 목표와 대안의 유익한 재평가를 촉진할 수도 있다.

격렬한 화를 내는 경우도 있지만 동기유발 촉진에 의해 화를 내기도 한다. 통제할 수 없는 느낌은 방어적 반응을 유발하기도 한다. 창피한 느낌도 화를 내게 한다.

강한 감정이 발생하면 서서히 사라진다. 화의 심리적 효과는 쉽게 사라지지 않고 자신의 행동의 수익과 비용에 대해 합리적으로 생각할 수 없게 된다. 화가 가라앉으려면 시간이 좀 지나야 한다. 유능한 협상가는 언제 압박할지, 언제 물러설지, 언제 진정해야 할지를 평가하기 위해 자신과 상대방의 감정 상태를 추적한다.

감정이 역으로 서로에 대한 협상가의 태도에 악영향을 주어서는 안 된다. 배반이나 개인적 모욕은 과정을 오염시키고 악순환을 만든다. 피셔가 말하듯이 문제로부터 사람을 분리해야 한다.

4. 협상전략 계획 [15]

1) 학습하기

상대방의 이해관계, 대안, 최저양보선, 목표를 전략적 질문과 적극적 듣기를 이용하여 파악할 수 있다.

2) 인식 파악하기

상대방이 교섭범위를 어떻게 인식하는지 파악한다. 상대방 인식을 파악하는 전통적 설득기법은 다음과 같다.

정박효과: 자신의 초기 입장은 상대방 교섭범위 인식에 강하

게 영향을 미친다.

양보패턴: 양보를 점차 줄여가는 전략은 점점 저항이 높다는 것을 의미한다.

위협: 결렬의 결과가 무엇인지 인식하도록 하지만 사용에 조심해야 한다.

경고: 위협보다는 약하고 상승작용이 덜 하다. "그렇게 하시면 안 좋은 일이 발생할 텐데요."

몰입: 협상가는 상대방을 꼼짝 못하도록 하는 어떤 행동에 몰입하지만 과잉 몰입과 난국의 위험이 있다. 과잉 몰입을 하면 목표달성이 불가능해져도 입장을 변하지 않곤 한다.

행동 강요 이벤트: 협상을 진척시키기 위해 시간제한, 회의, 기타 주요이벤트를 실시한다.

가치창조를 위해 상대방 이해관계를 파악하고 자신의 정보를 공유하면 상대는 가치요구전략으로 이를 이용하려고 할 수도 있다. 반대로 자신의 이해관계를 숨기고 오도하고 상대방도 같이 대응하면 공동의 이득가능성이 사라진다.

3) 근본적 긴장을 관리하기

표 1.3.2 협상가의 딜레마

활동	목표	
	가치창조	가치요구
나의 학습하기	가치창조 기회를 발견하기 위해 자신의 이해관계에 관한 정보를 공유함	상대방의 결렬점에 관한 정확한 정보를 수집함 가치를 요구하기 위해 정박효과와 몰입전술을 사용함
상대방 인식 파악하기	가치창조 가능성을 강조하기 위해 협상을 재구성함	거래에서 가치를 요구하기 위해 자신의 우선순위에 대해 상대방을 오도함

출처: Watkins(2002), p.95.

4) 협상유형에 맞도록 전술 구사하기

협상이 순수 분배적이면 자신의 이해관계를 공개해야 별 소득이 없으며 상대방의 인식을 파악하고 가치를 요구하는 전술을 취해야 한다. 반대로 양측의 이해관계가 대체로 조화롭다면 가치를 창조하기 위해 정보를 공유하고 공동으로 옵션을 개발함으로써 잃을 게 별로 없다.

가치의 창조와 요구가 혼합된 통합적 협상(integrative negotiations)은 그 중간에 위치한다. 협상가의 딜레마가 가장 문제가 되는 곳이 바로 이 통합적 영역이다. 정보공유는 일방적이어선 안 되고 쌍방향이어야 한다. 점진적으로 진행하는 것이 현명하다, 즉, 어떤 정보를 공유하고 이와 교환하여 어떤 것을 발견하는지 확인하고 현실가능한지 철저히 테스트해보는 전술을 취해야 한다.

그림 1.3.3 경쟁적 협상과 협력적 협상의 스펙트럼

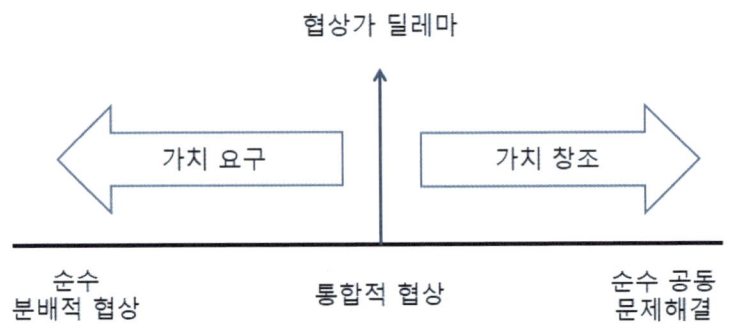

출처: Watkins(2002), p.96.

5. 전술적 추진력 구축

상황을 진단하고 학습하기와 인식 파악하기에 대해 전략을 세웠다면 이제 전술적 계획을 수립하는 것이 필요하다. [16]

과제 1. 관계를 구축하기: 과거 긴장 관계를 완화하기

과제 2. 과정을 협상하기: 어떤 일정과 방법을 진행할지 협상하기

과제 3. 구조를 변형하기: 통합적 협상 관점으로 나아가기

과제 4. 가설을 시험하기: 이해관계가 맞는지 검증

과제 5. 공식을 찾기: 잠재적 거래를 개발하고 공식을 만들기

과제 6. 위급한 느낌을 만들기: 어려운 국면 타개, 시한 설정, 양보와 거래를 통해 합의점에 도달하기

그림 1.3.4 비즈니스 협상의 과정 계획.

| 1.관계 구축하기 | 2.과정 협상하기 | 3.구조 변형하기 | 4.가설 시험하기 | 5.공식 찾기 | 6.위급 느낌 만들기 |

출처: Watkins(2002), p.98.

6. 비즈니스 협상의 절차

위의 전술적 계획을 참고하여 비즈니스 협상의 절차를 수립하면 다음과 같이 6단계로 구성할 수 있다. 1단계에서는 협상을

시작하며 친밀감을 형성하고 2단계에서는 협상을 어떻게 진행할지 과정을 먼저 협상한다. 3단계에서는 협상을 재구성할 필요가 있는지 검토해 보고 필요할 경우 경쟁협상에서 협력협상으로 구조변경을 시도할 수 있다. 4단계는 상대의 이해관계를 탐색하고 5단계에서는 해결방안을 찾아야 한다. 6단계에서는 시간적 제약을 걸어서 결단을 촉구해서 마무리 지을 수 있게 해야 한다.

   1단계: 라포(친밀감) 형성하기
   2단계: 과정 협상하기
   3단계: 협상 재구성하기

       (필요시 실시; 경쟁협상에서 협력협상으로 구조 변경)

   4단계: 이해관계 탐색하기
   5단계: 해결책 모색하기
   6단계: 위급성(결단) 촉구하기

제4장 비즈니스 협상력 키우기

비즈니스 협상을 하기 전이나 협상을 하는 중에도 협상력을 키우는 것은 협상을 성공하기 위해 매우 중요한 전략이며 요소이다. 협상력은 협상의 원천을 효과적으로 영향력을 행사함으로써 발생하는데 특히 비즈니스 협상에서 유의해야 할 항목들을 중심으로 살펴보고자 한다.

1. 강한 BATNA 개발하기

BATNA는 협상이 결렬되었을 때 당사자가 스스로 취할 수 있는 대안 중 최선의 대안을 의미한다. 그래서 협상에서 BATNA보다 더 나은 합의안을 수용하기 때문에 BATNA가 강할수록 더 좋은 합의 결과를 만들 수 있다.

BATNA는 한 번 결정되면 고정된 것이 아니라 탐구하거나 노력하면 새로운, 더 나은 BATNA를 발견하거나 창조할 수 있다. 그래서 협상이 시작되기 전 보잘 것 없는 BATNA를 가지고 있더라도 협상을 하면서 계속 탐구하면 더 나은 BATNA를 발굴할 수 있기 때문에 강한 BATNA를 개발하기 위해 노력해야 한다.

BATNA는 경쟁적 협상에서 상대방을 압박하기 위해 사용할 수 있는 파워로서 작용하는 경향이 있다. 그러나 협력적 협상에서도 BATNA가 필요한 역할을 하게 된다. 협력적 협상에서 개발한 여러 가지 옵션 중에서 최적의 옵션을 선택하여 합의해야 하지만 그 최적 옵션마저도 BATNA보다 더 나아야 합의할 가치가 있는 것이다. 옵션을 평가하는 기준에서 수용성의 한 척도로서 BATNA를 고려해야 한다.

2. 정보의 우위를 차지하기

전쟁에서와 마찬가지로 비즈니스 협상에서도 정보는 매우 중요하다. 아군이 협곡을 지나갈 때 적군이 매복해 있다는 정보를 아는 것과 모르는 것은 하늘과 땅 차이 같이 전쟁의 승패를 가르는 중요한 정보이다. 비즈니스 협상에서 반드시 알아야 할 법률적, 규범적 정보와 유리한 전략과 전술을 구사할 수 있는 유익한 정보를 상대방보다 더 많이, 더 정확하게 알고 있다면 협상에서 더 나은 결과를 얻고 성공할 수 있을 것이다.

정보와 밀접한 연관성을 가지는 전문성도 같은 효과를 가질 수 있다. 전문가는 정보를 체계적으로 습득한 인적자원으로 정보적 판단에 유리하다. 전문가를 많이 보유하고 활용하면 협상에서 우위를 점할 수 있음이 분명하다.

3. 지지세력 네트워크를 활용하기

개인적 거래나 회사의 상거래에서도 자신을 지지하는 세력이나 네트워크를 활용함으로써 유리한 입장을 차지할 수 있다. 외교적 협상에서 자국을 지지하는 다른 우방국을 활용하는 것이 외교협상에서 성공하는 중요한 전략임은 다 알려져 있다. 비즈니스 상거래에서도 자신을 지지하거나 우호적으로 대하는 행정기관, 금융기관, 거래처가 영향력을 행사한다면 협상력을 강화시키는 중요한 지렛대 역할을 할 수 있다.

4. 심리적 파워를 활용하기

흔히 협상을 할 때는 감정이 고조되고 흥분되는 경향이 있다.

자신의 감정을 통제하지 못할 경우 합의할 기회를 놓치거나 상대방과의 관계를 손상하기 쉽다. 그래서 자신의 감정을 통제하지 못하는 경지에 이르지 않도록 항상 유의하여야 한다.

협력적 협상에서는 인정과 존중의 긍정적 감정을 오히려 표현하는 것이 더 도움이 될 수가 있다. 경쟁적 협상에서는 화를 내거나, 상대를 압박하는 부정적 감정을 표현하는 것이 일반적인데 과도하지 않도록 유의해야 한다.

일반적으로 협상에서 자신감은 각종 정보 수집과 준비를 통해 생겨나는데 이러한 뒷받침이 없어도 심리적 강인함과 파워를 가지는 경우 협상력이 높아질 수 있다. 포커에서 패가 좋으면 당연히 자신감을 갖지만 패가 좋지 않아도 배팅하는 위험 감수자(risk taker)도 자신감을 가질 수 있다. 내면적 실제가 장착되지 않은 자신감도 똑 같이 협상에서 파워를 행사할 수 있다는 점을 염두에 두면 도움이 된다. [17]

5. 일관성과 공정의 명성을 유지하기

상대방이 자신을 믿고 우호적으로 나오게 하는 방법 중 하나는 자신이 하는 말과 행동이 언제나 일관성 있고 공정하다는 명성을 얻는 것이다. 상대를 속이거나 편파적이거나 변덕스러운 협상 경험을 가진 협상가는 상대로부터 믿음과 신뢰를 얻지 못하고 경계의 대상이 된다.

정보를 많이 축적한 전문가가 협상에서 힘을 얻듯이 일관성과 공정성의 명성을 가진 협상가도 협상에서 힘을 얻는다. 명성은 한번으로 얻지 못한다. 협상을 할 때마다 공정하고 합리적인 태도로 임한다면 그 명성이 쌓이게 될 것이다.

6. 자금력과 기술력을 활용하기

소위 원청회사가 협력회사에 대해 협상력이 큰 것은 원청회사가 가지는 자금력이 때문일 것이다. 협력회사가 공급하는 부품을 원청회사가 구매할 수 있는 자금력을 가지고 있고 협상에서 합의가 되지 않을 경우 원청회사는 다른 협력회사를 찾아서 부품을 구매하면 된다. 협력회사는 자금력이 부족하고 부품을 판매, 공급함으로써 자금을 확보하게 되는데 마음대로 납품처인 원청회사를 고를 수 있는 상황이 안되어 협상력이 부족하다.

한편 기술력이 좋은 회사는 고품질의 제품을 생산할 수 있어서 시장에서 경쟁력이 있다. 그 제품을 구매하려는 회사가 자금력에서 우위에 있다고 하더라도 고품질의 제품을 확보하기 위해 저자세로 접근하게 된다면 낮은 협상력을 보이게 된다. 그래서 기술력이 좋은 협력회사가 자금력이 좋은 원청회사와 부품공급 협상을 할 때 협상력이 딸리지 않은 경우를 볼 수 있다.

제5장 비즈니스 협상의 스킬

1. 협상분석 관련 스킬 [18]

1) 목표의 설정

 협상에서 목표를 어느 수준으로 설정할 것인가는 극히 주관적이다. 그런데 목표를 높게 설정한 경우가 낮게 설정한 경우보다 더 나은 결과를 얻는다고 알려져 있다. 그렇다고 무턱대고 너무 높게 비현실적으로 설정하는 것은 합의를 이루기 어려운 국면으로 몰고 갈 수 있다. 그래서 목표는 실현가능하면서도 약간은 높게 설정하는 것이 바람직하다.

2) 쟁점의 관리

쟁점이 한 개인 경우 당사자들이 자신의 입장을 고수하면 경쟁적 협상의 제로섬 게임이 될 수밖에 없다. 협력적 협상을 원하는 경우 쟁점을 복수화할 필요가 있다. 쟁점이 복수일 경우 양측 당사자들은 각 쟁점에 대한 선호도가 반드시 차이가 날 것이기 때문에 상대적으로 선호하는 쟁점을 우선적으로 충족시키고 덜 선호하는 쟁점은 양보함으로써 윈윈의 결과를 만들 수 있다.

3) 이해관계 파악

협상에서 원만한 합의를 이끌어내기 위한 핵심요소가 이해관계이다. 누구든 자신의 욕구를 가지고 있으며 그에 맞는 목표를 설정할 것이다. 합의를 이끌기 위해서는 상대방의 욕구와 이해관계가 무엇인지를 파악해야 한다. 이해관계의 충족으로 합의가능성을 발견하게 될 것이기 때문이다.

4) BATNA 활용

BATNA(협상 결렬 시 최선 대안)는 협상가의 협상력을 높이는 매우 중요한 도구이다. 합의안이 BATNA보다 높아야 그 안을 수용하고 합의할 수 있는데 그렇지 않으면 합의하지 말고 결렬시키는 것이 더 이익이다. 이 원칙은 경쟁적 전략이든 협력적 전략이든 같이 적용된다. 그런데 BATNA는 고정되어 있지 않고 탐구할수록, 시간이 지날수록 더 개발할 수 있기 때문에 BATNA를 개선하기를 노력해야 한다.

5) ZOPA의 활용

ZOPA(합의가능영역)는 양 측의 최저선 또는 결렬점 사이의 영역으로서 제로(0)보다 클 경우 합의가 가능한 영역이 존재함을 의미한다. 쟁점이 하나일 경우에는 쉽게 ZOPA가 결정되지만 쟁점이 복수이거나 질적인 경우에는 결정하기 어렵다. 쟁점이 복수이면 핵심적 쟁점의 ZOPA를 먼저 설정해보고 나머지 부수적 쟁점의 가치를 추가하여 대략적 최저선의 가치를 비교하여 ZOPA를 산출할 수 있다. 이때 ZOPA보다 월등히 높은 옵션을 만들어내는 가치창조의 노력으로 더 넓은 ZOPA를 만들 수 있다.

2. 협상소통 관련 스킬 [19]

1) 적극적 듣기

협상을 하고 있을 때는 상대방의 말을 주의 깊고 적극적으로 들어야 한다. 즉, 상대방이 말할 때 중단시키거나 방해하지 말고 끝까지 듣고, 판단이나 평가를 하지 말고 상대의 말을 이해하려고 노력하고, 의미를 정확하게 파악했는지 확인하는 피드백을 하면 된다. 그렇게 함으로써 상대방이 어떤 문제에 봉착해 있는지, 상대방의 관점을 이해하고, 서로 공통사항은 있는지를 파악할 수 있다. 적극적 듣기는 상대를 이해하고 협상과정에 몰입해 있다는 점을 보여주어 상대를 긍정적인 방향으로 이끌 수 있다.

2) 개방형 질문 스킬

상대방의 목표, 최저선, 욕구를 탐색하기 위해 질문 스킬을 사용할 수 있다. 또한 적극적 듣기의 일환으로 상대방의 말을 들으면서 불확실할 때 명확한 이해를 위해 질문할 수 있다. 질문은 폐쇄형 질문과 개방형 질문이 있는데 개방형 질문을 통해 상대를 탐색하고 이해할 수 있다. 개방형 질문은 답이 "예" "아니오"가 아니라 설명을 요구하는 답을 묻는 질문이 된다. "오늘 기분이 어떠신지요?" "혹시 우려스러운 점은 무엇인가요?"과 같이 누가, 언제, 어디서, 무엇을 왜, 어떻게의 6하 원칙 의문사 문장의 전부 또는 일부로 이루어진 질문을 만들면 된다.

3) 감정 관리 스킬

협상가는 내용도 중요하지만 감정이 협상과정에 어떻게 영향을 미치는지도 파악하고 관리해야 한다. 상대방이 의견이 다르다고 화를 내는 것은 자신을 경직되게 함으로써 합의에 이르기 어려울 수도 있다. 상대방이 화가 나 있을 때 자신이 같이 화를 내면서 대응하는 것도 협상을 악화시킬 수 있다. 상대방이 화를 낼 때 제지하지 않고 충분히 표출하도록 기다리고 왜 화를 내는지에 대한 실체를 보는 안목이 필요하다. 협력적인 협상 과정을 만들기 위해서는 공감과 인정 등 긍정적인 감정을 촉진하는 것도 중요하다. [20]

4) 비언어 소통 스킬

협상을 하고 있는 당사자들이 언어적 소통이 중요하지만 비언적 소통이 중요할 때도 있다. 비언어 소통이란 눈 마주침, 신체 언어(제스처), 사회적 거리, 접촉, 목소리, 신체적 모습, 물건 사용 같은 비언어적 플랫폼을 통해 메시지나 신호를 전달하는 것을 말한다.[21] 비언어 소통은 인간의 의사소통의 60~70%를 차지한다는 연구와 같이 협상에서도 그 중요성을 간과해서는 아니 된다. 비언어 소통의 실천은 상대방 인식, 자기 자신 인식, 비언어 소통 사용의 3단계로 구성되고 이 비언어 소통을 바꾼 후에 언어 소통을 시작해야 바람직하게 협상을 이끌어갈 수 있다.

3. 협상해법 관련 스킬 [23]

1) 감정과 관계 해법

　상대방과의 협상이나 관계의 역사가 있고 두 협상가 간의 관계가 어떤지를 먼저 확인해야 한다. 과거에 안 좋았던 협상이나 관계가 있다면 쟁점에 대한 협상 이전에 관계를 위한 사전 조치가 있어야 한다. 적대적이거나 상처를 주었거나 피해를 준 경험이 있다면 사과를 하는 것이 중요하다. 악화된 감정이 풀리는 것은 쟁점의 협상에 좋은 길을 열어준다.

2) 타협 해법

　쟁점이 하나여서 서로 양보하여 타협하는 것이 최선이 길이면 양 측의 중간지점에서 타협하는 방법을 모색해야 한다. 경쟁적 협상에서는 쟁점에 개수와 상관없이 서로 양보를 해서 중간지점에 타협하는 것이므로 서로 입장을 고수하다가 결국 양보하는 타협으로 합의하는 방법을 모색해야 한다.

3) 가치창조 해법

　타협 해법은 가치가 고정되어 제로섬게임에 빠져 있다. 그러나 가치를 새로 창조해내어 더 나은 성과를 얻을 수 있다면 파이를 키울 수 있어서 포지티브섬게임(positive sum game)을 할 수 있고 서로 더 많이 가져 갈 수 있다.

4) 상호 수용 가능 옵션 창출

이해관계를 고려하여 다양한 옵션을 만들어내는 노력이 합의로 가는 중요한 과정이다. 이 때 특히 양 측이 만족하는, 이해관계가 충족되는 옵션들을 만들어내는 노력이 필요하다. 이 옵션은 상호 수용 가능한 옵션이 될 것이고 최종 합의안으로 결정될 가능성이 높다. 따라서 다양한 옵션을 창출하되 상호 수용 가능한 옵션을 반드시 창출해야 한다.

5) 윈윈 해법

많은 협상가들이 윈윈 협상을 원하지만 어떻게 해야 윈윈이 되는지 잘 모를 수 있다. 서로 만족한 상태가 윈윈이긴 하지만 정확히 말하면 서로 자신의 욕구 또는 이해관계가 충족되는 상태를 말한다. 그래서 윈윈을 만들기 위해서는 이해관계를 파악하고 그 이해관계가 충족된 결과를 얻어야 한다. 한 쪽만이 아니라 양 쪽 모두 자신의 이해관계가 충족되는 결과가 합의로 얻어져야 하는 것이다.

제2부

비즈니스 협상의 사례

사례 1. 식품회사 M&A 협상 사례 ^{M&A 협상}

사례 2. 벤처기업 인재 스카우트 협상 사례 ^{벤처 창업 협상}

사례 3. 곡물폐기물처리 계약 협상 사례 ^{폐기물 계약 협상}

사례 4. 시트콤 리메이크권 계약 협상 사례 ^{콘텐츠 계약 협상}

사례 5. 브랜드 사용료 협상 사례 ^{브랜드 사용료 협상}

사례 6. 감성 협상 및 코칭 기반 협상 사례 ^{코칭 기반 협상}

사례 7. 유통사와 임대업자 간 임차계약 사례 ^{임차 계약 협상}

사례 8. 유통사와 물류사의 물류비 협상 사례 ^{유통물류비 협상}

사례 9. 채용, 재직, 퇴직의 실전 연봉 협상 사례 ^{연봉 협상}

[M&A 협상]

사례 1. 식품회사 M&A 협상 사례

1. 협상의 배경

보통 M&A라고 하면 해외직접투자와 같이 국제간 기업의 인수와 합병을 생각하기 쉬운데 본 사례는 국내에서 기업의 인수합병을 보여주고 있다. 수입상 A회사는 농축수산품을 수입하여 국내에서 공급하는 중소기업으로 해외 몇 개 농업, 축산, 수산업이 발달한 국가들의 수출기업들과 거래하고 있다. 수출기업들 중에서 브라질에 있는 X회사는 A회사와 가장 많은 거래를 하면서도 안정된 판로를 구축하기 위해 A에 자본을 투자하여 지분 50%를 보유하고 있다. 말하자면 X회사는 A회사의 공동대표로서 한국에서 수입 유통망을 확보하고 있는 셈이다.

A회사대표 AA는 10년 전에 소규모의 수입상을 채려 브라질과 칠레로부터 농산품을 수입하면서 시작하여 지금은 중국, 베트남, 말레이시아, 호주, 뉴질랜드, 프랑스, 덴마크, 러시아 등 다양한 국가들로부터 농산품, 축산품 및 수산물도 수입하고 있다. A회사의 직원규모도 처음에는 부부가 일하는 2명으로 시작했지만 지금은 50여명으로 대폭 확대되었고 매출규모도 500억원을 넘어 괄목할만한 성장을 하였다.

AA는 그동안에 기업을 크게 성장시켰지만 건강도 쇠약해지고 해서 일단 회사를 매각하고 일을 줄이려고 한다는 정보가 있었다. B그룹 대표 BA는 튼튼한 자본력이 있어서 견실한 기업을 인수하여 기업을 확장하려는 계획으로 찾던 중 A회사를 인수할 생각을 하였다.

BA는 기업인수에 신중하고 안전하고 성공적으로 마무리하기 위해 외부 협상컨설팅을 받아보려고 하였다. 그래서 K협상원은 BA의 요청에 따라 내부 컨설턴트 KA를 배정하여 인수관련 사전조사를 실시하여 컨설팅을 수행하기로 하였다.

그림 2.1.1 식품회사 인수합병 협상 구조

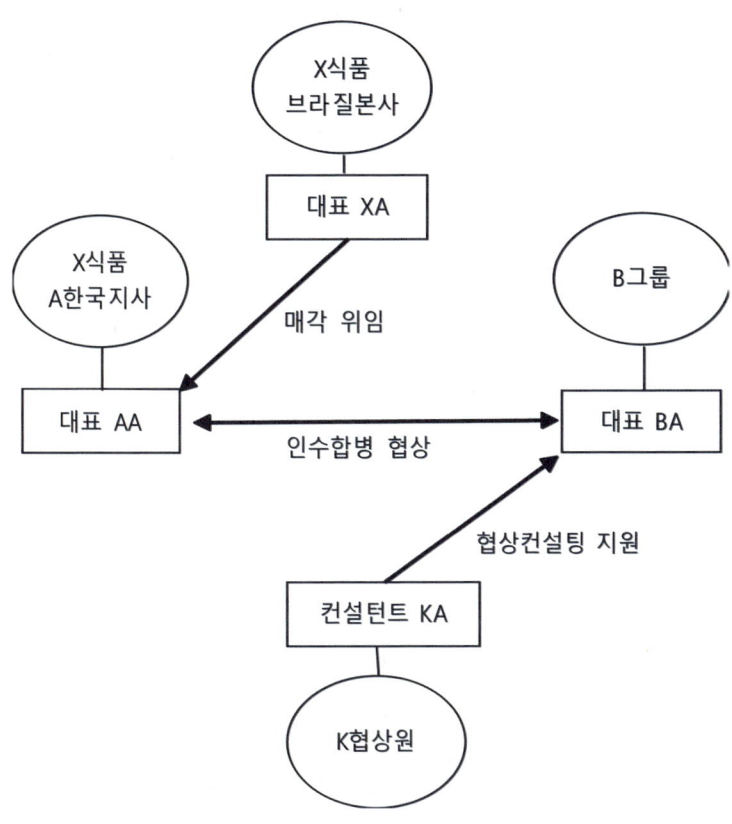

2. 협상 당사자와 쟁점

A회사의 공동대표이면서 소유주인 AA는 회사의 운영에 관한한 실권자이다. 브라질의 X회사가 한국지사인 A에 대해 동

사례 1. 식품회사 M&A 협상 사례

일지분을 가지고 있지만 안정된 수출을 위한 유통회사에의 투자로 보이고 실제 경영에는 관여하지 않고 있다. X회사는 주식회사로서 주주들의 의견을 합쳐서 대표이사 XA를 통해 전달되는 복잡한 구조인데다 외국의 유통망 정도로 투자한 상태라 A회사의 실제 경영에 관여하기도 어렵다. 수출물량만 제대로 소화되면 별 문제가 없이 유지되고 있다. 이번에 A회사의 매각에 대해서도 본사는 AA에게 위임하여 보고만 하도록 조치하였다.

A회사의 공동대표 AA와 부인인 AB는 설립부터 내조자로 같이 일해 왔는데 현재는 AA는 대표이사, AB가 상무이사로서 근무하고 있다. A회사는 합자회사로 X회사를 제외하면 다른 투자자가 없어 거의 개인회사 같이 운영되고 있다. 현재 AA는 대표이사로서 연봉을 4억 2천만 원으로 책정하여 확보할 뿐 아니라 AB에게도 2억 4천만 원을 지불하고 있어서 부부합산 6억 6천만 원을 수령하고 있다. AA는 X회사로부터 양해 하에 세전수익의 20%를 보너스로 자신에게 배당하고 있다. 세전수익이 해마다 차이는 있지만 평균 10억 원은 족히 넘는 것으로 추산되는데 20%를 계산하여 2억 원의 보너스까지 챙긴다면 AA는 9억 원 정도의 연간 가족소득을 챙기는 고소득자인 셈이다.

B회사는 A회사를 인수하더라도 당분간 AA가 경영자로서 일할 수 있도록 협의하고 있다. 이것은 수입선을 탄탄하게 유지해 온 AA의 사업경력과 네트워크를 B회사가 단시일에 승계, 확보

하기가 어렵다고 보고 거래조건으로 협의 중에 있다. 이러한 상황에서 AA는 자신이 받는 연봉, 부인의 연봉, 보너스의 수준을 현재대로 유지해줄 것을 요구하고 있다.

이제 쟁점으로서 매각대금이 남아 있다. 연간 매출액이 약 500억 원이 되지만 유통마진이 높지 않아 세전이익이 10억 원 규모로 매출액 대비 낮은 수익률을 보이고 있다. AA는 인수가격을 200억 원으로 요구하였다. 그런데 이번 인수합병은 전체 지분의 80%만 넘기기로 하고 AA는 10%를 남기고 40% 지분 매각, XA도 10%를 남기고 40% 지분을 매각하는 것으로 추진하고 있다. 본사의 대표 KA와 지사의 대표 AA가 지사에 공동 동일 투자한 지분구조를 반영하여 매각도 동일하게 결정된 셈이다. 인수가격이 결정되면 실제 지급금액은 인수가격의 80%이다. 그래서 최종적으로 쟁점을 정리하면 AA의 연봉, AB의 연봉, 보너스 수준, 인수가격 등 4가지로 압축된다.

3. 협상과정

먼저 주요쟁점인 인수가격은 AA가 200억 원을 요구한 것으로 시작하였는데 B회사의 대표인 BA도 수락하였다. BA는 자금력이 풍부하기 때문이기도 하지만 A의 가치가 250억 원 정도는 된다고 생각하고 300억 원을 최대양보선으로 설정해두었기 때문에 AA가 제시한 200억 원을 크게 반대하지 않고 수용하였다. 그러나 BA가 쉽게 수락하자 AA는 1개월 후에 240억 원으로 가격을 높여서 매물로 내어 놓는다고 수정 제안하였다. BA는 고민하다가 그 정도는 수용할 만하다고 하여 수용하였다. 그 사이에 AA의 연봉 등 다른 사안들을 협의하고 있었는데 다시 1개월 후에 브라질의 XA로부터 연락이 왔다면서 270억 원이 아니면 매도하지 않겠다고 해서 AA가 인수가격 수정을 요구하였다. BA는 매우 불쾌하면서도 생각해보겠다고 하고 몇 주가 지나서 수용할 의사를 보이고 대신 부인연봉은 없다고 하였다.

그 사이에 부동산 가격이 상승하는 등의 외부 상황 변화도 있어서 AA는 최종가격으로 300억 원으로 해달라고 요구하였다. BA는 난색을 표하면서 수용이 어렵다고 하고 생각해보겠다고 하고는 합의가 되지 못했다. 이렇게 여러 번의 인수가격을 계속 올리면서 200억 원을 300억 원으로 올린 것이 못마땅하고 불쾌해서 BA는 연락도 하지 않았다. 1개월이 지난 시점에 BA는 10억 원만 올린 280억 원 정도로 생각해보겠다고 통보하였다. AA는 1주일 후 목요일에 응답을 주겠다고 했으나 고의적인지는 알 수 없으나 응답을 주지 않았다.

표 2.1.1 식품회사 매각 협상의 쟁점과 입장

쟁점	AA	BA
인수가격	200억 원 요구	수용
	240억 원 수정 요구	수용
	270억 원 수정 요구	수용
	300억 원 수정 요구	280억 원 수정 제의
	280억 원에 대해 응답 없음	??
AA연봉	현재연봉 4억 2천만 원 요구	수용
AB연봉	현재연봉 2억 4천만 원 요구	채용 불가
보너스	현재 세전수익의 20%	수용

그 다음 쟁점으로서 AA와 AB의 연봉 문제이다. AA는 자신과 부인의 연봉을 현재 수준대로 지급해줄 것을 요구하였다. BA는 초기엔 긍정적인 마음을 가지고 있다가 AA가 여러 차례 인수가격을 올리는 바람에 일단 AB는 더 이상 고용하지 않는 것으로 해서 연봉에서 제외하였다. AA의 연봉은 거의 현재수준을 유지하는 것으로 BA도 동의하는 의사를 표현하였다.

그리고 마지막 쟁점은 보너스인데 세전수익의 20%를 지급하는 현재 수준의 보너스를 그대로 해달라는 것이 AA의 입장이다. 이에 대해 BA는 별다른 의견 없이 인수가격과 연봉문제에만 집중하는 상황이다.

4. 협상컨설팅으로 마무리

　AA의 지속적인 인수가격 인상과 6개월이나 시간 끌기에 BA는 짜증도 나고 인수를 포기할까 라고도 생각하면서 K협상원에 협상컨설팅을 의뢰하였다. BA는 K협상원에게 현재까지 진행된 상황을 충분히 설명하고 1주일 후에 받은 컨설팅 내용은 다음과 같다.

　- 협상상황을 진단해본 결과 AA가 시간끌기와 까다로운 협상기술을 활용하고 있다. XA를 이용한 인수가격 인상은 더티 트릭 중 하나인 굿 가이 배드 가이의 기법을 사용한 전술이다. AA는 굿 가이이고 XA는 배드 가이로 등장하고 있다는 진단을 하였다.

　- AA가 1주일 이후에 연락을 주기로 하고서 연락을 안 주는 것두 전략인 것 같다. BA가 협상을 성공시기기 위해 매딜리는 모양을 이용하여 자기 이익을 더 챙기려고 하는 지연전술로 보인다.

　- AA의 협상전술에 말리지 않기 위해서는 BA는 더 이상 교섭과정을 거치지 않고 최종 제안을 보내 수락여부만 받는 협상전술을 취해야 한다.

　- BATNA를 비교해보면 AA는 다른 대안을 가지고 결렬했을 때 매수자를 찾을 수 없는 상황이고 BA는 여러 회사를 거느리

는 대기업 대표로서 A가 아니라도 다른 많은 투자의 대안들이 있어서 AA가 절대적으로 불리한 상황이다.

- 이러한 협상파워를 이용하여 최종안을 최종시한(이달 말)까지를 명기하여 수락여부만 결정하라고 통보하고 수락할 경우 합의서에 서명 날인하여 보내도록 요구해야 한다.

- 최종안은 쟁점별로 다음 내용을 포함하도록 구성한다.

1) A회사의 인수가격은 280억 원으로 한다.

2) AA의 연봉은 4억 원으로 하고 AB는 해고한다.

3) 세전수익이 15억 원 이상 날 경우 AA에게 1억 원 보너스를 지급한다.

BA는 K협상원의 컨설팅을 토대로 하여 최종안을 서면으로 작성하였다. 최종시한은 2주 후인 이달 31일까지로 하였다. 최종안은 약간의 문구만 수정하여 컨설팅 제안의 내용을 거의 그대로 포함하였다. 마지막에는 날자와 인수자 BA의 이름을 넣고 서명을 하였다.

BA는 자신이 보낸 전자문서로 된 최종안을 AA가 이메일로 수령한 것을 확인하였다. 며칠 동안 AA로부터 아무 연락이 없어서 AA가 최종안 문서를 받고는 내심 좀 당황하지 않았나 짐작되었다. AA가 지금까지 자신의 협상전략과 기술을 십분 발휘하여 자신의 페이스대로 끌어오면서 인수가격을 올려놓았다고 생각하며 유리한 국면으로 협상을 마무리하려고 생각했을지 모르지만 BA의 최종안은 일침을 가한 격이 되었다. BA의 갑작스런 역공에 누군가 코치를 해준다는 느낌이 들었을지 모르지만 AA는 어떻게든 최종안에 대해 응답을 해야 하는 상황에 몰리게 되었다.

최종시한은 열흘정도 여유가 있어서 충분하지만 AA는 최종안에 대해 거부할지, 수락할지 결정해야 한다. BA의 이메일에 의하면 다른 안을 제시는 수용하지 않는다며 오직 가부만 요구하고 있기 때문이다. 그런데 AA로부터 최종일 3일 전에 연락온 내용은 최종안의 가부의 결정이 아니었다. 내용은 최종안의 수정을 요구하는 것이었다. AA는 인수가격은 280만 원으로 수용하고 AA의 연봉도 4억 원을 수용하지만 AB가 연봉 1억 원으로 같은 일을 하도록 요청하고 보너스는 세전수익이 10억 원 이상일 때 1억 원을 받는 것으로 수정 제안했다. AA는 종전의 빡빡한 자세가 아니라 유화적인 제스처를 취하면서 거의 합의점에 가까워졌는데 조금만 수정해서 합의하면 어떠냐고 하는 조심스러운 문구들을 사용하며 협상태도를 바꾸었다. 아마 AA가 최종안을 바로 수용하기보다 최종일 전에 수정안을 한번 제시해보고 수용되지 않으면 최종안을 수용하는 전략을 세웠을 것으로 보인다.

표 2.1.2 식품회사 매각 협상의 최종 제안

쟁점	① BA 최종안	② AA 역 제안	③ BA 최종 수정안
인수가격	280억 원 통고	수용	280억 원 통고
AA연봉	4억 원 통고	수용	4억 원 통고
BA연봉	채용 불가	연봉 1억 원 제안	채용 불가
보너스	세전수익 15억 원 이상일 경우 1억 원 보너스	세전수익 10억 원 이상일 경우 1억 원 보너스	세전수익 10억 원 이상일 경우 1억 원 보너스
응답 방식	서면 통고 및 서면 가부만 요구	미세한 수정 요구	서면 통고 및 서면 가부만 요구

이러한 내용의 수정안을 받은 BA는 K협상원에게 연락하고 자문을 구했다. 최종일 하루전날 K협상원에서 받은 의견은 보너스는 받고 AB 고용은 받지 말라는 것이었다. 이유는 수정제안을 완전 무시하기엔 무리이지만 새로 자체적 사업정착을 위해 AB 대신 B회사의 자체인력을 양성할 목적도 염두에 둔다는 것이다. 이에 비해 세전수익이 15억 원 대신 10억 원으로 하는 것은 수용할 만한 것으로 평가되었다. 이러한 최종 수정안을 서면으로 작성 서명하여 최종일에 AA에게 보내면서 24시간 내 수락여부만 보내라고 하며 더 이상 수정이 없음을 통고하였다.

5. 합의사항

BA의 최종 수정안을 받고 더 이상 교섭할 부분이 없음을 인식했는지 다음날 AA로부터 합의하자는 답신이 왔다. BA는 다음 주 월요일 오전 10시 S법무사무소에서 만나 계약서를 작성하자고 AA에게 통보하였다. 합의서에 기초하여 계약서 양식에 맞도록 작성하고 공증을 받기 위해서이다. 이에 드는 비용은 반반 부담하기로 하였다.

최종 계약서에 담겨진 주요 내용은 다음과 같다.

① BA는 A회사의 인수가격으로 280억 원을 결정하고 이의 80%에 해당하는 224억 원을 다음 달 말일까지 AA에게 지급하고 이에 상응하여 AA는 A회사의 물적, 인적 자산을 다음 달 말일까지 BA에게 인도한다. 잔여 20% 중 10%는 AA, 나머지 10%는 XA의 투자 자본금으로 등록한다.

② BA는 A회사를 인수한 후 AA를 2년간 CEO로 채용하고 연봉은 4억 원으로 책정하기로 한다. 2년 후 재계약 여부는 AA의 실적 등을 토대로 BA가 결정한다.

③ BA는 A회사 기존 근로자들의 고용은 그대로 승계하되 AB는 고용에서 제외한다.

④ A회사를 인수한 후 연간 세전수익 10억 원 이상 날 경우 AA에게 1억 원 보너스를 지급한다.

6. M&A 협상의 구조분석과 교훈

1) M&A 협상의 구조분석

이상에서 소개한 식품회사 M&A 협상 사례를 알기 쉽게 구조를 분석한 내용을 정리하면 표 2.1.3이다. 협상당사자를 직접 당사자와 간접 당사자로 구분하여 표시하였고 핵심쟁점은 A 인수가격, AA와 AB의 연봉 및 보너스, 3가지로 구분하였다. 협상 당사자의 양측 입장은 쟁점별로 협상차수의 진행에 따라 변화된 모습을 표시하였다. 인수가격이 가장 중요한 핵심 쟁점인데 AA는 200억 원에서 시작하여 네 차례나 변경하여 인상 가격으로 제시하였는데 이에 대해 BA는 세 차례까지 수용하였으나 마지막 가격에 대해서는 수용불가와 역 제의를 하였다.

양측의 이해관계는 상당한 차이를 보인다. AA는 상대방의 자금여력과 자신의 식품수입 전문성 및 네트워크를 활용하여 자신의 이익극대화를 도모하고자 하였지만 BA는 자금여력은 있지만 식품수입 분야에서는 전문성이 없어 식품수입 전문가의 사업경력과 네트워크를 활용하여 M&A에 성공하고 점차 내부 전문가를 양성하고자 하였다.

이 협상에서 사용된 중요한 두 가지 협상기법은 굿 가이 배드 가이와 BATNA이다. AA는 자기를 굿 가이, XA를 배드 가

표 2.1.3 M&A협상의 구조분석

항목	내용
협상당사자 (직접)	-농축수산품 수입회사 A 대표 AA -B그룹 대표 BA
협상당사자 (간접)	X식품 브라질 본사 대표 XA
협상쟁점	-A 인수가격 -AA 연봉, 보너스 -AB 연봉, 보너스
입장	-인수가격: AA 200억 원-> 240억 원 ->270억 원-> 300억 원 / BA 수용, 수용, 수용, 280억 원 -AA 연봉: AA 4억 2천만 원 / BA 수용 -AB 연봉: AA 2억 4천만 원 / BA 거절, 채용 불가 -보너스: AA 세전 수익의 20% / BA 수용
이해관계	-AA: 상대방의 자금여력과 자신의 식품수입 전문성 및 네트워크 활용으로 이익극대화 -BA: 식품수입 전문가의 사업경력, 네트워크 활용하여 M&A 성공 및 내부전문가 양성
협상기법	-AA는 자기를 굿 가이, XA를 배드 가이를 역할하는 기법 사용 -BA는 BATNA를 활용, 압박
조력자 조정중재인	K협상원 컨설턴트 KA가 BA에게 컨설팅 제공

이로 역할을 부여하는 기법을 사용하여 인수가격을 여러 차례 인상하였다. BA는 처음에는 AA에 끌려갔으나 나중에 컨설턴트 도움으로 자신의 BATNA를 활용하여 최종 가격제시로 압박하였다.

협상의 조력자로서 K협상원의 컨설턴트가 상당한 역할을 하였다. AA는 상대의 약한 협상기술을 이용하면서 인수가격을 수차례나 인상하여 제시하였고 자신 뿐 아니라 부인인 AB의 연봉과 보너스까지 챙기려는 욕심을 채우려고 하였다. BA는 계속 끌려가다가 협상컨설턴트의 도움을 받아 협상을 대등하고 유리한 국면으로 전환시킬 수 있었다.

2) 사례의 교훈

본 협상사례는 협상력의 현격한 차이가 나는 매매 당사자들 간의 협상을 효과적으로 마무리한 사례이다. 우리가 새겨보아야 할 몇 가지 교훈을 정리하면 다음과 같다.

첫째, 협상의 스킬이 부족하여 협상력이 떨어져 불리한 결과를 예상하는 경우 외부 자문이나 컨설팅을 받아보는 것이 필요하다. 협상스킬이 부족한 상태에서 중요한 협상을 스스로 해결하다가 손실을 감내한다거나 결렬시켜 기회를 잃는 것보다는 외부조력을 받아 해결함이 이익을 줄 것이다.

둘째, 협상스킬 부족이 손실을 초래할 수 있다는 경험을 토대로 장기적으로는 협상팀의 역량을 강화하고 협상전략자원을 개발할 필요가 있다. 협상이 일회성으로 끝나는 경우는 거의 없고 어떤 형태로든 기업이나 조직에서 다양한 형태로 비즈니스 협상이 발생하고 있음을 고려하여 체계적인 협상역량 및 전략자원개발체계를 구축하는 것이 기업의 경쟁력을 제고하는 중요한 길이 된다.

셋째, 협상이 결렬되었을 때 다른 대안을 취할 수 있는 BATNA를 확인하고 협상력으로 적절하게 활용해야 한다. 객관적으로 평가해볼 때 매도인 AA보다 매수인 BA가 훨씬 강한 BATNA를 가지고 있음에도 불구하고 협상력을 발휘하지 못한 것은 이러한 자신의 BATNA를 정확하게 인식하지 못하였을 뿐 아니라 상대방의 BATNA는 생각지도 않았던 때문으로 보인다.

넷째, 협상이 성공하기 위해 관련 정보의 수집과 분석 그리고 이러한 정보를 토대로 한 협상준비를 하는 것이 절대적으로 필요하다. 위의 BATNA도 중요한 정보임에 틀림없고 CEO에 대한 연봉이 어느 수준이 적정한지, 그리고 보너스는 얼마나 어떤 조건으로 지급되는지에 대한 시장조사가 매우 중요하다. 그럼에도 불구하고 BA는 전혀 정보가 없는 상태에서 협상에 임하고 있어서 매도인이 요구하는 연봉과 보너스에 대해 별 다른 입장을 제시하지 못하였다.

다섯째, 상대방의 목표, 결렬점, BATNA, 이해관계, 전략전술 등 정보를 수집하고 분석하여 필요한 대응전략을 구사해야 한다. 예를 들어 매도인이 굿 가이 배드 가이 기법을 사용하여 인수가격을 수차례 올리고 입장을 번복하는 더티 트릭의 전술을 매수인이 인식하지도 못하고 대응하지도 못하는 낭패를 겪는 모습이 관측되었다. 그래서 BA는 AA가 더 이상 더티 트릭을 사용하지 못하도록 최종안을 최종시한까지 수락여부만 달라는 최종통보를 보냈다.

[벤처창업 협상]

사례 2. 벤처기업 인재 스카우트 협상 사례

1. 협상의 배경

2007년 나일수는 경기도 판교 소재 알파 마이크로시스템의 기술센터에 근무하는 42세의 센터장이다. 나일수는 MIT에서 컴퓨터전공의 석사학위에 실리콘밸리에서 2년간 경력도 있는 프로그램 전문가이다. 어느 헤드헌트에서 나일수에게 전화 걸어 천안에 있는 어느 기업이 새로운 소프트웨어 벤처회사에 나일수와 그의 팀원들을 합류하는 문제를 의논하고 싶다고 말했다. 헤드헌트사는 불과 한 달 전에 알파 마이크로는 판교 공장을 폐쇄하고 본사가 있는 대전으로 인력을 재배치한다는 정보를 입수해서 유망인재를 소개하려 하고 있다.

5년 전 알파가 판교 공장을 설립하면서 채용한 나일수는 유능한 40명의 숙련된 프로그래머를 성공적으로 조직하였다. 그럼에도 불구하고 그는 공식 공표 하루 전날 알파의 결정을 알게 되었다. 판교 센터가 매우 낮은 이직률을 보이고 있어서 알파경영자는 대부분의 엔지니어가 이동하기를 동의할 것으로 기대했다. 나일수는 엔지니어들이 이직하지 않은 것은 매우 선호하는 지역 기반 때문이라고 생각했다. 판교에 일류기술 일자리가 있어서 엔지니어들이 이동하려고 하지 않을 것이라 생각했다. 그의 팀원들은 판교를 떠나지 않고 나일수와 함께 남기를 희망하였다.

　　천안 기업가 김용준은 45세의 스탠포드 MBA와 소프트웨어 산업의 경험을 가지고 있다. 김용준은 새로운 창업기업으로 관리의료조직의 솔루션을 제공하는 오메가 시스템을 계획하고 있다. 김용준은 즉시 천안에서 판교로 직접 와서 나일수와 그의 핵심 엔지니어 중 4명을 만났다. 핵심 쟁점은 회사가 판교에 위치해야 한다는 것이다.

　　김용준은 나일수와 4명의 다른 엔지니어들에게 동시에 서면 제안을 만들었다. 나일수에게는 엔지니어링 부사장, 높은 연봉, 자사주 2%가 제안되었고 다른 4명의 엔지니어에게는 각각 팀장과 자사주 0.5%씩을 제공하고 있다. 이 옵션은 4년 동안 연간 25%씩 쌓이게 된다. 김용준은 판교로 회사를 이전시키는 것을 싫어했는데 여지는 남겨 두었다. 회사 이전의 핵심은 알파에 있는 30-40명의 엔지니어 팀의 나머지를 채용할 수 있느냐 였다. 김용준은 또한 벤처자본가에게 조기 자금조달을 협상하고 엔지니어들을 확보했다고 말하기를 원했다고 말했다. 1주일 내 그들의 결정이 필요했다.

2. 협상의 당사자와 연합

협상의 직접 당사자는 나일수와 김용준이지만 간접 당사자들이 상당수 존재하고 있는데 이들을 모두 정리하면 다음과 같다.

[김용준 측]

김용준: 천안에 위치한 오메가 시스템의 대표이사

오메가 시스템 투자자: 김용준이 운영하는 오메가 시스템의 투자자

김용준의 벤처 투자자: 김용준이 벤처사업을 준비하면서 자본을 조달할 투자자

[나일수 측]

나일수: 판교에 위치한 알파 마이크로의 기술센터장

다른 사용자: 김용준 이외에 나일수를 채용할 수 있는 사업주

다른 엔지니어: 협상을 공동으로 할 수도 있는 알파의 다른 엔지니어들

알파 마이크로시스템: 나일수가 현재 고용되어 있는 회사

다른 벤처 투자자: 나일수가 자문해볼 수 있는 또 다른 벤처 투자자

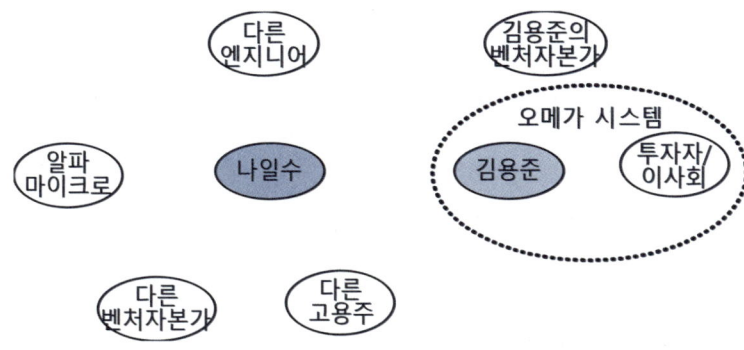

그림 2.2.1 창업인재 스카우트 협상 당사자 지도

협상에서 현재 또는 잠재적 연합을 추구하는 것이 더 나은 결과를 만들어낼 수 있다. 나일수 측의 잠재적 연합은 다른 엔지니어들이다. 나일수와 그 엔지니어들은 이미 서로 잘 알고 있으며 김용준을 대상으로 연합하여 협상하는 것을 암암리에 의논하고 있었다. 나일수가 엔지니어와 단체를 이루어 협상한다면 실질

적으로 협상력을 증대시킬 수 있다는 것을 알고 있었다.

한편 김용준은 나일수와 동료 엔지니어들을 그룹으로 보다는 개별적으로 분리하여 다루는 것이 유리하다. 그들이 연합하지 못하도록 분리 후 정복전략(divide-and-conquer strategy)인 셈이다. 그리고 벤처캐피탈 투자자가 기업에 투자하기 전에 김용준과 한 팀이 되어 나일수 측과 협상한다면 유리하므로 벤처캐피탈 투자자는 사실 김용준의 연합세력이라 간주할 수 있다.

이제 이들 직·간접 당사자들 사이의 연계성을 정리해볼 필요가 있다. 나일수와 김용준의 협상은 다른 7가지 협상과 상호작용을 한다.

- 나일수의 김용준과의 협상
- 나일수의 다른 엔지니어와 협상
- 다른 엔지니어의 김용준과의 협상
- 김용준의 벤처투자자와의 협상
- 나일수의 다른 고용주와 (가능한) 협상
- 나일수의 벤처 투자자와 자기 도시에 관한 (가능한) 협상
- 판교 시설을 유지하기 위한 나일수의 알파 마이크로시스템즈와 (가능한) 협상
- 다른 주요 당사자들(투자자 또는 이사회)이 이미 개입해 있다면 오메가 내의 협상

그림 2.2.2 창업인재 스카우트 협상의 연계도

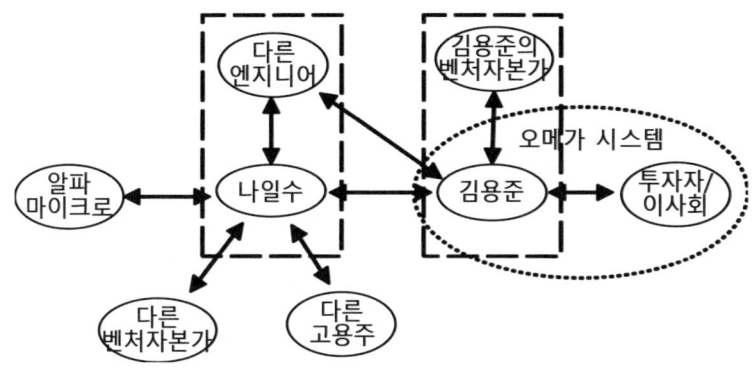

주: 큰 점선 사각형이 협상의 연계성이다.

그림 2.2.2에서 협상 연계성을 보면 나일수는 알파 마이크로와는 대전 이전이라는 장소문제로 더 이상의 협상을 할 필요는 없고 그만 두거나 대전으로 함께 이동하는 방법밖에 없다. 그리고 나일수가 BATNA로 고려하는 다른 고용주와 다른 벤처자본가는 정보수집 정도만 하고 김용준과 판교에서의 시설 협상이 잘되면 협상은 하지 않을 생각이다. 결국 나일수는 다른 4명의 엔지니어와 이미 연합해서 하기로 합의하여 이들과 협상 연계성을 가지고 있다.

한편 김용준은 오메가 시스템의 투자자와 이사회는 이미 승인을 받은 상태이고 이제 벤처자본가로부터 자본을 조달하여 엔지니어 인력을 채용하고 설비를 구축하는 일이 핵심이어서 벤처자본가와 협상 연계성을 가지고 있다.

3. 협상의 규칙과 쟁점

1) 게임의 규칙

　나일수와 김용준은 협상의 방법을 느끼고 있지만 모든 규칙을 만들지는 못했다. 어떤 게임의 규칙을 만들지가 중요하다. 비즈니스 협상의 규칙은 상해소송해결, 국제무역협상, 노사단체교섭의 규칙과는 다르다. 여기서 규칙이란 법률, 규정, 사회관습, 전문행동강령 등을 말한다.

　나일수로서는 지적재산권법률과 고용법이 관련되어 있다. 나일수가 개발한 도구와 기술을 알파 마이크로 측이 영업비밀로 규정하고 있다면 그것을 다른 기업으로 가져가 사용할 수는 없다. 이 경우는 부정경쟁방지법 위반에 해당한다. 이러한 제약을 이해하지 못하면 오메가 시스템을 제재할 소송에 걸릴 수 있다. 또한 오메가를 위해 알파종업원을 빼온다는 것이 문제가 될 수도 있다. 다행히 나일수는 고용계약에 의해 그것을 못하도록 금지된 것은 아니었다는 것을 확인하고는 안도의 숨을 쉬었다.

　다만 알파 마이크로가 나일수와 오메가 시스템을 제소하여 인재유출을 지연 또는 금지시킬 수 있다. 나일수는 김용준의 고용 제안에 대해 의사결정을 하기 전에 고용변호사와 이 문제를 토론한 결과 인재유출을 금지시킬 소송에 해당하지는 않는다는 답을 얻었다. 인재유출은 보통 동종업종의 대기업이 중소기업의 인력을 스카우트할 때 적용될 가능성이 높은데 여기서는 알파 마이크로가 시설을 폐쇄하고 다른 도시로 옮겨가야할 상황과 오메가 시스템이 벤처기업으로 시작하는 상황을 검토한 결과 내린 결론이다.

2) 협상의 쟁점

쟁점의 묶음을 아젠다라고 하는데 아젠다를 고정적인 것으로 취급하는 것은 쉽지만 위험하다. 아젠다 자체가 협상의 주제가 될 수 있다. 김용준은 자신이 선호하는 아젠다를 가지고 있지만 나일수는 쟁점을 더하거나 뺄 수 있다. 아젠다의 선정은 사전협상 때에 해야 한다. 아젠다의 선정은 협상구조를 결정하는 중요한 요소가 된다. 모든 쟁점을 완전히 식별하지 못하면 상대에게 이용당할 수 있다.

표 2.2.1 협상의 쟁점

장소	보상	직무 책임	위상
-엔지니어링 그룹의 장소	-급여 -옵션 -숫자 -연금수령권 -희석방지	-직위 -직무 책임변화 방지 -매각이나 통제변화 상황에서 보호	-설립자 -이사 자리

이제 양 당사자들 간의 관계가 쟁점일지를 평가해보아야 한다. 우선 거래협상과 분쟁해결은 상거래와 관계에서 차이가 나기 때문에 정리해볼 필요가 있다.

거래협상: 기존 혐오감은 쟁점이 아니다. 당사자들은 시작부터 협상을 이성적으로 접근하는 경향이 있다.

분쟁해결: 고충이나 희생 감정은 자신에게 비용이 발생하더라도 상대를 해하려는 요구를 한다. 갈등은 인식을 왜곡시키고 소통을 붕괴시키고 상대의 화해 제스처를 무시하는 경향이 있다. 그래서 서로 다툼이 있는 관계는 쟁점의 중심이 되므로 초기에 관계를 다루는 것이 낫다.

표 2.2.2 4가지 형태 협상

	상거래	관계
거래협상	단기거래 -기업 매각: 당사자들은 미래에 상호작용이 없지만 사전적 반감도 없다.	관계형성 -기업 연합 창조: 당사자들은 장기 관계를 기대하지만 그 토대는 아직 결정되지 않았다.
분쟁해결	분쟁해결 -개인상해소송 해결: 관계는 적대감으로 특징되지만 당사자들은 해결 이후 상호작용은 없다.	갈등관리 -파업의 해결: 현재 분쟁은 장기적 논쟁의 일부인데 이것이 합의의 장애가 된다.

출처: Watkins(2002), p.16.

표 2.2.2는 거래협상과 분쟁해결이 상거래와 관계에서 어떻게 차이가 있는지를 보여주고 있다. 거래협상은 단기적 일회성 거래와 장기적 관계형성의 협상으로 구분된다. 분쟁해결로서 개인 상해소송은 상거래에 해당하고 적대적이지만 분쟁이 해결되면 더 이상 상호작용은 없다. 이에 반해 분쟁해결로서 파업은 장기적 분쟁의 일부로서 현재의 분쟁이고 관계에 해당하며 합의의 장애가 된다.

나일수와 김용준의 협상은 관계형성의 거래협상이다. 관계형성 협상에서는 양측이 공격적 가치요구행동은 하지 않는다. 진행될 관계에 협력하고 몰입하여 요구사항은 적절하게 하고 초기에 관계를 손상사킬 어떤 것도 해서는 안 된다. 그런데 협상의 유형은 시간의 진행에 따라 쉽게 전환될 수 있다. 즉, 거래를 만드는 모든 노력은 발생하기를 대기하는 분쟁이 된다. 만약 나일수와 김용준이 초기 합의에서 중요한 부대조건을 언급하지 못하면 나중에 해로운 갈등을 관리하기 위해 협상해야 할 수도 있다. 예를 들어 합병을 협상하거나 기업부채 구조조정을 하는 노력은 쉽게 분쟁으로 악화되고 파손될 수 있다. 그래서 나일수와 김용준은 미래 사업을 같이 할 파트너로서 협력적으로 협상하기로 의논하였다.

4. 이해관계와 가치창출 방법

이해관계는 협상가가 추구하는 기본 목표와 욕구이다. 이해관계 분석을 통해 가치를 창조(파이를 확대)하는 방법을 발견할 수 있다. 예를 들어 김용준은 주요 투자자와 고객 곁에 있기를 원하고 그의 가족도 천안에 있다는 것을 알았다면 창조적 옵션을 개발할 수 있다. 나일수와 김용준이 엔지니어링 그룹을 판교에 두게 하고 본사와 마케팅은 천안에 위치하도록 한다면 가치 창조하는 성과를 만든 것이다.

이해관계를 탐색할 때 협상에서 가치를 창조하는 3가지 기본 원칙이 있다.

1) 공동의 이해관계를 추구하라.

양측이 모두 관심가지고 협력함으로써 너 잘 달성할 수 있는 대상을 발견할 수 있다. 나일수와 김용준이 모두 오메가시스템이 강한 엔지니어링팀을 원하므로 나일수의 팀원을 알파로부터 빼오는 것에 관심을 보인다. 이렇게 하기 위해 양측이 보완적 자원을 이용하고 공동의 경제적 이익에 합의하게 된다.

2) 상호 호혜적인 거래를 제안하라.

상대에게 더 가치 있는 것을 식별하여 자신에게 더 가치 있는 것으로 거래할 수 있다. 김용준이 엔지니어그룹을 판교에 위치하도록 합의하면 나일수는 보상을 포기할 의향이 있다.

표 2.2.3 거래 매트릭스

쟁점	나일수	김용준
판교 장소 설정	↑↑↑↑	↓↓↓
높은 급여	↑↑	↓
더 많은 주식	↑↑↑	↓↓↓↓
조기 주식확정	↑	↓↓
희석화 방지	↑	↓↓↓
이사회 진입	↑	↓↓↓
최고기술자 직위	↑↑↑	↑
직무변화 제약	↑↑↑↑	↓↓↓

주: ↑는 많을수록 좋은 선호도, ↓는 적을수록 좋은 선호도, 화살표의 숫자는 상대적 선호강도(1부터 5까지)

3) 불확실한 계약을 확실하게 하라.

상대를 완전하게 믿지 못한다면 자신의 취약점을 최소화한 후 가치창조를 제약하는 방어적 자세를 피해야 한다. 만약 기업이 매각된다면 어떻게 될지 명확하게 함으로써 나일수는 고용계약에 들어가는 데에 더 안전하게 느낄 것이다. 나일수가 특정

성과목표에 연계한 추가적 스톡옵션을 요구할 수 있다. 나일수는 미래 불확실한 자신의 문제에 대해 직무책임을 상호합의 없이 변경할 수 없고 합의가 안 되면 조정을 받는다는 조항을 요구할 수 있다. 나일수는 이사회의 한 자리를 요구하여 기업전략과 방향을 규칙적으로 검토할 수 있다. 나일수는 직무책임이 변경되거나 회사가 매각되면 고액 퇴직금을 요구할 수 있다. 현재의 의무 충족을 조건으로 미래 이익을 만드는 점진적 방법을 선택할 수도 있다. 예를 들어 벤처기업가인 김용준이 핵심 인물에 대해 스토옵션이 즉시 귀속 확정이 아니라 시간을 두고 결정되도록 요구할 수 있다.

5. BATNA와 합의가능성 검토

나일수는 자신의 BATNA뿐 아니라 김용준의 BATNA에 대해서도 최대한 알아내어야 한다. 김용준이 서둘러 사업을 추진하려고 한다거나 쉽게 팀을 꾸릴 수 있다는 언급을 전혀 하지 않고 침묵한다면 김용준의 BATNA는 취약한 것으로 짐작된다. 헤드헌트와 동종업종의 정보를 수집해서 알아본 결과 사실 당장 이 정도 규모의 엔지니어와 직원을 다른 곳에서 구할 수는 없으며 마침 알파 마이크로가 판교시설을 닫고 대전으로 이전하는 기회를 포착하여 오메가 시스템이 접근했다고 봐야 할 것이다. 그래서 김용준의 BATNA는 그다지 강하지 않으며 이와 반대로 나일수는 현재 회사인 알파 마이크로에 있으면서 대전으로 가든지 아니면 판교의 다른 일자리를 찾아보는 방법 등 대안이 몇 개 있어서 그의 BATNA는 괜찮은 편이다.

나일수는 자신의 BATNA뿐 아니라 김용준의 BATNA에 대해서도 최대한 알아내어야 한다. 김용준이 서둘러 사업을 추진하려고 한다거나 쉽게 팀을 꾸릴 수 있다는 언급을 전혀 하지 않고 침묵한다면 김용준의 BATNA는 취약한 것으로 짐작된다. 헤드헌트와 동종업종의 정보를 수집해서 알아본 결과 사실 당장 이 정도 규모의 엔지니어와 직원을 다른 곳에서 구할 수는 없으며 마침 알파 마이크로가 판교시설을 닫고 대전으로 이전하는 기회를 포착하여 오메가 시스템이 접근했다고 봐야 할 것이다. 그래서 김용준의 BATNA는 그다지 강하지 않으며 이와 반대로 나일수는 현재 회사인 알파 마이크로에 있으면서 대전으로 가든지 아니면 판교의 다른 일자리를 찾아보는 방법 등 대안이 몇 개 있어서 그의 BATNA는 괜찮은 편이다.

그림 2.2.3 나일수와 김용준의 BATNA와 잠재적 합의

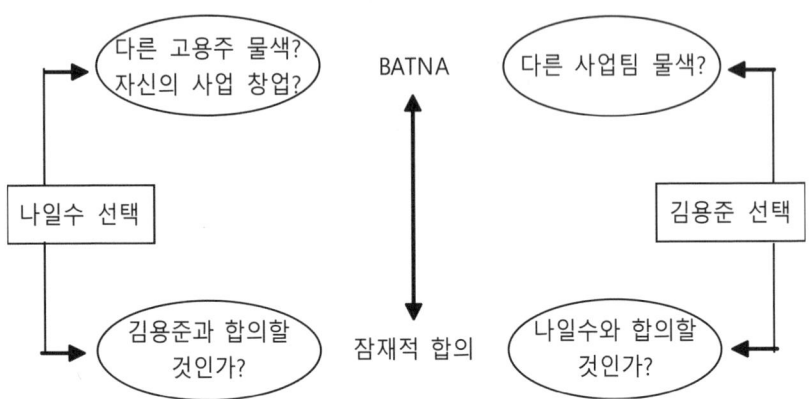

BATNA가 바로 결렬점(Walk-Away)으로 전환하는 것은 간단하지 않다. 나일수가 다른 곳에서 기회를 얻는 것과 비교하여 김용준이 제안하는 것이 비슷하다고 생각하면 결렬점이 될 수 있다. 새로 취업한 동료들 정보를 이용하거나 다른 곳에 경쟁적 제안을 해보는 방법도 있을 수 있다.

법원에서 승소할 것이라고 과신하는 것은 법적 분쟁의 해결에서 흔히 인식되고 있는 장애요소이다. 불확실성이 존재할 때 BATNA를 명확하게 하기 위해 잠재적 성과와 가능성에 대해 엄격하게 평가해야 한다.

6. 우선순위 기반 합의 도출

나일수와 김용준은 본격적인 협상을 위해 천안이나 판교와는 다른 도시인 광교에서 별도로 만났다. 그 사이에 서로 많은 정보를 수집하고 필요한 내부 협상을 한 후에 핵심적 협상의 방향을 정하고 본 협상에 임했다. 각자 절대로 양보할 수 없는 사항, 어떤 것을 우선적으로 요구할지, 양보해도 괜찮은 사항 등을 정리하였다.

표 2.2.4 협상쟁점별 우선순위

협상당사자	1순위	2순위	3순위	4순위
나일수	**판교 R&D센터** <u>직무변화 제약</u>	자사주 최대화 **최고기술자 직위**	고연봉	조기주식 확정 희석화 방지 이사회 진입
김용준	**자사주 최소화**	천안 R&D센터 **희석화 자율 이사회 불허** 직무변화 유연	**주식확정 연기**	**저연봉** 최고기술자 직위 불허

주: 볼드체는 쟁점별 높은 우선순위나 확정 쟁점이고 언드라인은 최우선 조건이 붙은 쟁점

표 2.2.4는 각 쟁점별 우선순위를 다시 정리한 표이다. 나일수는 판교에 R&D센터를 배치하는 장소의 쟁점과 직무변화의 제

약을 두는 쟁점을 가장 우선 순위로 정하고 있다. 이 두 가지의 쟁점은 김용준의 경우 2순위로 두어서 나일수의 우선 순위를 존중하는 방향으로 협의되었다. 이에 반해 자사주 지급을 최소하고 주식 희석화를 하는 쟁점은 김용준의 높은 우선순위를 부여하고 있어서 이 점은 존중하기로 하였다. 최고기술자 직위 부여는 김용준이 크게 반대하지 않은 상황이고 나일수는 2순위로 상대적으로 높게 평가하여 수용하도록 합의되었다.

반면 이사회 진입은 김용준의 2순위가 나일수의 4순위보다 높아 이사회 불허 쪽으로 가닥을 잡았다. 나일수에게 배정되는 주식의 확정은 양 측이 모두 낮은 순위를 주고 있지만 김용준의 3순위가 나일수의 4순위보다 높아서 주식확정은 연기하도록 합의하였다.

마지막으로 연봉이 문제이다. 원래 김용준이 나일수를 스카우트할 때 높은 연봉을 약속하였고 4순위로 반대하지 않았다. 또한 나일수의 고연봉을 3순위로 상대적으로 높은 순위를 주고 있는데 장소문제라는 핵심적 쟁점을 나일수에게 양보하는 상황에서 김용준은 연봉을 가져가야 형평성이 맞는 것으로 보았다.

표 2.2.5 쟁점별 합의사항

쟁점	나일수	김용준	합의-
판교 장소 설정	판교 R&D센터 천안 본사, 영업본부	천안 R&D센터 본사, 영업본부	**판교에 R&D센터 설립, 천안에 본사와 영업본부 구축**
높은 급여	알파연봉에 20% 인상	알파연봉 수준	*현재 알파에서 받는 연봉 수준*
자사주 배정	5%	2%	*자사주 2% 배정*
조기 주식확정	연 50%	연 20%	*5년간 년 20% 주식확정*
주식 희석화	불가	가능	*주식 희석화 가능*
이사회 진입	요구	불가	*이사회 진입 포기*
최고기술자 직위	최고기술자 직위 이상	최고기술자 직위 이하	**최고기술자 직위 부여**
책임변화 제약	책임변화 합의	책임변화 통지	**책임변화 합의 시행**
연구원 확보			R&D센터 설립(2개월) 까지 모든 엔지니어와 연구원 확보시 연봉 10% 인상, 자사주 추가 2% 배정
계약만료 및 매각시 직책보장			3년간 매각 관련 없이 직책보장, 3년 이후 회사유지인 경우에만 노력의무 부과

주: 합의사항 중 볼드체는 나일수 선호도 존중, 기울임체는 김용준 선호도 존중을 반영한 결과이다

표 2.2.5는 각 쟁점별 선호도를 기반으로 한 합의사항을 나타내고 있다. 가장 핵심적 쟁점인 판교 R&D센터 배치로 나일수의 선호도를 반영하고 1순위인 책임변화 제약으로 합의 후 시행

하는 것을 합의하였다. 최고기술자 직위 보장은 김용준도 크게 반대하지 않은 상황이라 그대로 수용되었다. 반면 보상부분에서는 김용준의 선호도를 반영하여 연봉수준과 자사주 관련 항목은 김용준 요청대로 확정하였다. 김용준은 나일수에게 높은 연봉을 처음에 제안을 하였으나 핵심쟁점인 장소문제를 판교로 양보하면서 연봉을 양보 받았다. 조직관련 이사회 진입문제는 김용준의 높은 우선순위대로 포기하는 것으로 결정되었다.

원래의 쟁점이 아니었던 쟁점으로 연구원 확보는 양 측의 공동의 이해관심사로서 목표달성할 경우 추가 보상하는 합의를 도출하였다. 그래서 R&D센터 설립 시(2개월)까지 나일수가 모든 엔지니어와 연구원을 확보하면 연봉 10% 인상, 자사주 추가 2% 배정을 조건부로 제공되었다.

합의가 가장 어려웠던 부분은 장소 문제와 더불어 회사 매각 시 나일수의 직책을 어떻게 보장하느냐 이었다. 현재의 계약은 3년인데 3년까지는 무조건 현재 직책을 보장하고 그 이후 재계약을 할 경우 평가에 의해 결정하되 직책유지 노력을 하도록 의무조항을 넣었다. 만약 회사가 매각되는 경우 계약기간 동안 현재 직책을 유지하는 것을 보장하고 그 이후는 보장이 어렵다는 것이 김용준의 입장을 반영하였다. 매각 이후 인수자가 새로 계약하는 부분까지 관여할 수 있는 것은 불가능하다는 비즈니스 관행을 나일수가 수용하였다.

7. 벤처창업 협상의 구조분석과 교훈

1) 벤처창업 협상의 구조분석

이상에서 소개한 벤처창업 협상 사례를 알기 쉽게 구조를 분석한 내용을 정리하면 표 2.2.6이다. 협상의 직접 당사자는 나일수와 김용준이지만 간접 당사자로 여러 투자자들과 엔지니어, 다른 고용주들이 있다. 협상의 쟁점은 엔지니어링 장소, 보상(급여, 옵션 등), 직무책임, 채용직위의 4가지로 압축되었다.

양 측의 입장은 상당한 차이를 보였다. 김용준은 천안 R&D센터, 알파연봉 수준, 자사주 2%, 조기주식확정 연20%, 책임변화 통지를 요구하는데 반해 나일수는 판교 R&D센터, 알파연봉 20% 인상, 자사주 5%, 조기 주식확정 연50%, 책임변화 합의를 요구하였다.

윈윈 합의를 이끌어내는 중요한 요소인 이해관계는 사실 단순하다. 김용준은 실력 있는 엔지니어팀을 구축하여 투자자를 유치할 수 있기를 원하고 있는데 반해 나일수는 판교에 현재 보상 수준의 직장을 구하고 안정된 고용이 보장되는 것을 원하고 있다.

표 2.2.6 벤처창업 협상의 구조분석

분야	벤처창업 협상
제목	벤처기업 인재 스카우트 협상 사례
협상당사자 (직접)	-오메가시스템 대표 김용준 -알파마이크로 기술센터장 나일수
협상당사자 (간접)	-오메가시스템 투자자, 김용준의 벤처 투자자 -알파마이크로, 기술센터의 다른 엔지니어, 다른 고용주, 자문할 벤처 투자자
협상쟁점	엔지니어링 장소, 보상(급여, 옵션 등), 직무책임, 채용직위
입장	-김용준: 천안 R&D센터, 알파연봉 수준, 자사주 2%, 조기주식확정 연20%, 책임변화 통지 -나일수: 판교 R&D센터, 알파연봉 20% 인상, 자사주 5%, 조기주식확정 연50%, 책임변화 합의
이해관계	-김용준: 실력 있는 엔지니어팀을 구축하여 투자자를 유치함 -나일수: 판교에 현재보상 수준의 직장을 구하고 고용안정 보장
협상기법	-우선순위 기반 양보, 교환 -직간접 당사자 연대 전략 -BATNA 활용
조력자 조정중재인	-나일수가 자문 받을 벤처 투자자

이번 협상에서 사용된 기법은 세 가지 정도이다. 우선순위에 기반한 양보와 교환이 제일 중요하고 직접 또는 간접 당사자 연대 전략도 사용되었으며 BATNA도 적절히 활용되었다. 나일수가 제3자로부터 자문을 받을 사람으로 벤처 투자자들의 역할이 있었지만 협상을 조정하거나 중재할 중립적인 역할은 없었다.

2) 사례의 교훈

창업회사가 인재를 영입하고 벤처자본을 조달하여 회사를 설립하는 문제는 여러 가지 복잡한 사안들이 얽혀 있다. 협상할 당사자들도 많고 해결해야 할 쟁점도 많아서 한 번에 결론에 이르기가 매우 어렵다. 여기서는 나일수와 김용준을 중심으로 연합하여 협상하는 단순 구조로 만들었고 쟁점들에 대해 양측의 선호도를 조사하여 이에 기반하여 합의를 도출하는 과정을 거쳤다. 본 협상에서 얻는 교훈을 몇 가지 정리하면 다음과 같다.

첫째, 협상을 유리하고 단순하게 진행하기 위해 자신을 지지하는 연합세력을 규합하고 연대할 필요가 있다. 김용준이 나일수와 4명의 엔지니어를 분리하여 협상을 하게 되면 김용준에게 유리하게 진행될 수 있어서 나일수는 엔지니어와 연합하는 전략을 세웠다. 반면 나일수가 김용준과 벤처자본가들을 분리하여 협상을 하지 못하도록 김용준은 그들과 연합하는 전략으로 임했다.

둘째, 협상의 쟁점들이 많을 경우 양 측이 각각 선호도를 조사하여 우선적으로 달성하고 싶은 쟁점을 선정해 두어야 한다. 모든 쟁점에 대해 어떤 선호도의 차이가 없다면 협상은 더 복잡해지고 랜덤으로 취사선택해야 하지만 대개의 경우 선호도의 차이가 있게 마련이다. 그래서 쟁점별 각자의 선호도를 작성하여 협상에 임하면 보다 용이하게 진척시킬 수 있다. 협력적으로 협상을 진행한다면 선호도를 서로 공유하면 더욱 효율적이다.

셋째, 양측이 상대적으로 높은 순위의 쟁점을 충족시키는 합의 패키지를 만들어봄으로써 합의에 쉽게 접근할 수 있다. 양측이 쟁점별로 우선순위의 차이를 보이고 있다면 상대적으로 선호도가 높은 쟁점을 충족시키는 합의 패키지를 완성해 나가면 서로 만족하는 합의의 모습을 찾을 수 있다.

넷째, 서로 공통적 이해관계를 발굴하여 이를 충족시키는 옵션을 찾는다면 가치창조의 윈윈협상을 달성할 수 있다. 예를 들어 나일수와 김용준이 모두 엔지니어팀을 성공적으로 채용하는 목표는 공통점이라고 인정하고 이 공동 목표달성과 분배를 위해 2개월 내 나일수가 목표달성을 하면 조건부로 추가 보상을 제공하기로 한 합의는 바로 이런 공통 이해관계의 충족이라는 가치창조와 윈윈협상을 의미한다..

[폐기물 계약 협상]

사례 3. 곡물폐기물처리 계약 협상 사례

1. 협상 배경과 필요성

R재생업체는 전라북도 군산에 있는 중규모의 전국적 폐기물 재생 기업이다. 최근 R재생업체는 S곡물제조사라 불리는 식품 제조 대기업의 전국서비스계약을 의뢰 받았다. S곡물제조사는 전라북도 김제에서 100년 이상 운영해온 가족기업이다. S곡물제조사는 모든 폐기물을 관리하는 목적으로 R재생업체와 5년 간 계약을 체결하였다.

C사료제조사는 S곡물제조사와 같은 기업의 음식물 폐기물을 수거하여 소나 돼지 같은 큰 동물의 사료로 전환시키는 경기도 안성에 소재한 중소기업이다. 밀이나 쌀의 정제과정에서

8~10%가 땅에 떨어져 폐기물이 된다. C사료제조사는 8개의 S곡물제조사식품공정에서 서비스하고 있는데 S곡물제조사공장의 1/3에 해당한다. 8개 공장과 계약은 일률적이지 않다. 어떤 계약은 길고, 어떤 계약은 짧고, 또 계약이 없는 곳도 있다. R재생업체는 이들 계약을 분석하고 S곡물제조사를 위해 재계약해서 S곡물제조사에게 돈을 절약해주려고 한다.

R재생업체 대표 중 한 사람인 RA는 S곡물제조사를 대리하여 C사료제조사의 창립자이자 CEO인 CA와 협상을 추진하였다. CA는 80대 초반의 나이이지만 적극적인 역할을 수행하고 있다. 그래서 RA는 CA를 만나기 위해 안성으로 갔다.

그림 2.3.1 곡물폐기물처리 계약 협상 구조

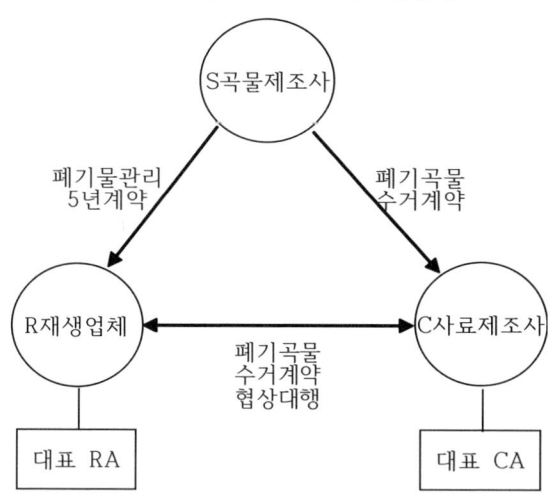

2. 상황분석과 협상해법

이 협상은 2중성을 지닌 협상이다. R재생업체의 RA가 S곡물제조사를 대신하여 C사료제조사와 8곳의 시설에 대한 폐기물 처리 계약을 체결 및 관리하는 일을 해야 하므로 C사료제조사와의 협상을 해야 한다. 또한 RA가 S곡물제조사의 대리인이므로 S곡물제조사와의 협상안을 조율하는 사전적 협상도 해야 한다.

RA가 S곡물제조사와 사전 협상을 하기 위해 기존의 계약을 면밀히 분석하여 필요한 정보를 수집하는 것이 최우선이 된다. 현재대로 계약이 만료되는 대로 그대로 재계약을 할 것인지 S곡물제조사에 도움이 될 만한 다른 방식으로 계약을 할 것인지 계획을 세워야 한다. 또한 S곡물제조사의 BATNA가 충분한지 파악해야 한다. 이 두 가지의 정보분석은 파워역량으로 협상력을 증강시킬 수 있다.

어떤 협상안을 준비할 것인지를 결정하기 위해 CA가 원하는 것, 연령, 선호, 비즈니스 스타일 등을 파악해야 한다. 협상의 목적을 세우기 위해 성과와 관계를 어떻게 설정할지를 검토해야 한다. 특히 CA가 80대의 연령인 점을 감안해서 성과보다는 장기적 관계를 고려해야 할 것이다. 이 두 가지 검토사항은 스타일역량과 목표역량에 해당한다. CA의 스타일에 맞도록 소통을 잘

하는 것이 필요한데 이것은 소통역량에 해당한다.

3. 협상준비

　RA는 S곡물제조사에게 새로운 계약을 통해 10% 비용절감을 약속하였다. 먼저 C사료제조사와 비즈니스 포토폴리오의 배경조사를 실시하였다. RA는 C사료제조사가 S곡물제조사 공장과의 계약이 4년 계약에서 무계약까지 여러 형태라는 이상한 점을 발견하였다. 또한 RA는 S곡물제조사와 거래하고 싶어 하는 다른 공급자들이 있어서 강한 BATNA를 가지게 되었다는 것을 알았다.

　CA는 80대이지만 치밀한 면이 있는 CEO이므로 돈 이외에 무엇이 중요한지도 RA는 고려하였다. CA가 인생의 마지막이 멀지 않아서 장기적 계약의 파트너를 원할 것이라고 RA는 판단하였다. 그래서 단기적인 이익의 협상이지만 장기적 관계가 유익할 것으로 보였다. RA와 그의 팀은 기존의 계약서를 모두 폐기하고 S곡물제조사가 C사료제조사와의 4년 장기계약을 체결하도록 제안하겠다고 CA에게 말했다. CA는 긍정적으로 평가하였다. RA는 C사료제조사와의 계약 관련 모든 정보를 공유해 주도록 CA에게 요청하였고 정보를 전달 받았다.

4. 협상의 과정

RA는 R재생업체와 C사료제조사가 공동으로 이 계약문제를 작업하면 좋겠다고 CA에게 제안하였다. RA는 C사료제조사가 S곡물제조사와의 현재의 계약을 파기하고 금액을 조금 덜 받는 대신 안정적인 장기계약을 체결할 수 있다고 하였다. 동시에 이 계약은 경쟁자가 없지만 경쟁적이라는 점과 쟁점을 수정할 필요가 있다는 점을 설명하였다. RA는 상호이익이 되는 협상구도를 생각하였다. 협상이 잘되면 C사료제조사는 S곡물제조사와 더 많은 비즈니스를 할 수도 있다. 이 모든 것을 듣고 CA는 모든 가능성에 대해 관심을 표명하였고 협상을 RA에게 맡기기로 하였다. 나중에 구체적인 제안을 CA에게 보내기로 하였다.

RA는 돌아와서 꼼꼼하게 제안서를 작성하였다. RA의 제안서가 CA에게 전달되었는데 CA는 너무 공격적이라면서 현재의 계약대로 해야 한다고 말하였다. RA는 C사료제조사가 계약을 하지 않았던 두 개의 S곡물제조사시설에 대해 집중하였다. 그 중 한 시설에 대해 경쟁자가 있다. 이 시설의 계약문제에 대해 RA가 CA에게 의논하자 CA도 반대하지 않았다. 또 다른 무계약 시설에 대한 RA의 제안도 CA를 설득하는데 성공하였다.

RA는 초기 공격적인 제안을 수정하여 처음 약속한 10% 감액으로 내렸고 C사료제조사에게 남은 모든 시설에 대해 4년 계약을 주도록 하였다. R재생업체에게 도움이 되었던 것은 S곡물제조사에게 전반적인 10% 감액을 약속했고 어떤 특정 시설만 그런 것이 아니라는 것이다. 그래서 모든 사이트에서 10% 감액을 얻어낼 수 있었다. 결국 CA는 RA의 제안을 받아들였고 RA와 CA는 장기적 기회를 만들어낸 강한 관계를 구축하였다.

표 2.3.1 협상의 쟁점과 과정

협상 차례	단계별 쟁점	RA 입장	CA 입장
1차 협상	8개 기존 계약	조금 가격을 낮추는 대신 장기계약 제안	긍정적으로 반응하고 RA에게 일임함
2차 협상	8개 기존 계약	기존 계약 파기하고 12% 감액하여 모두 4년 계약으로 통일	너무 공격적이라서 거절
3차 협상	무계약 1개 시설	경쟁자가 있지만 4년 계약 제안	수용
	다른 무계약 1개 시설	4년 계약 제안	수용
4차 협상	8개 기존 계약	기존 계약 파기하고 10% 감액하여 모두 4년 계약으로 통일	수용
합의안	8개 기존 계약	기존 계약 파기하고 무계약을 포함하여 8개 시설에 대해 10% 감액하여 모두 4년 계약으로 통일	

5. 협상의 합의결과

원래 S곡물제조사의 8개 시설에 대해 CA가 계약을 체결하여 운영하고 있었는데 계약기간이 다 다를 뿐 아니라 계약서를 체결하지 않고 운영하는 2개의 시설도 있었다. RA가 계약 대행 기관으로 역할을 하면서 일괄적으로 4년 장기계약을 체결하도록 CA과 협의하였다. 연로한 CA는 RA를 개인적으로도 좋게 생각하고 제안서를 일임하여 작성해서 보내라고 하였는데 막상 제안서를 받아본 후에 너무 공격적이라며 거절하고 기존 계약대로 하겠다고 통보하였다.

협상이 결렬되려는 상황에서 RA가 계약서 없는 무계약 시설 2곳을 전략적으로 집중하여 다른 사업자에게 넘어갈 수도 있다는 우려를 제기하면서 CA는 장기계약을 체결하는데 동의하였다. 그래서 무계약 시설 2곳을 포함해서 6개 모든 기존 계약을 파기하고 통일된 4년 장기계약을 체결하도록 하였다. 처음에 제시한 12% 감액을 완화하여 S회사에게 약속한 10% 감액으로 하였다. 합의내용을 정리하면 다음과 같다.

- 6개 시설 기존계약은 모두 파기하고 4년 계약을 체결한다.
- 2개 시설 무계약은 새로 4년 계약을 체결한다.
- 8개 시설 모두 10% 감액한 4년 장기계약을 통일된 형식으로 새로 체결한다.

6. 곡물폐기물 협상의 구조분석과 교훈

1) 곡물폐기물 협상의 구조분석

이상에서 소개한 곡물폐기물처리 협상 사례를 알기 쉽게 구조를 분석한 내용을 정리하면 표 2.3.2이다. 협상의 직접 당사자는 R재생업체 대표 RA와 C사료제조사 대표 CA이다. 협상의 간접 당사자는 S곡물제조사이고 곡물폐기물처리의 계약을 발주한 원청회사이다. 협상의 쟁점은 기존의 폐기물 처리계약을 다시 재계약하는 것이다.

당사자의 입장은 주로 RA를 중심으로 변화되었다. RA가 8개 시설 12% 감액과 4년 장기계약을 요구하였으나 CA는 기존대로 계약을 요구하였다가 무계약 2개 시설 4년 장기계약을 포함한 8개 시설 10% 감액으로 요구를 변경함에 따라 CA가 수용하는 쪽으로 입장을 바꾸었다.

이해관계는 양 측이 조금 다르다. RA가 S곡물제조사의 10% 감액 요청을 맞추기 위한 통일계약을 성사시키려는 욕구가 있었는데 반해 CA는 자신이 고령임을 고려하여 손해 없는 장기계약을 원하고 있었다.

표 2.3.2 곡물폐기물 협상의 구조분석

분야	폐기물 계약 협상
제목	3. 곡물폐기물처리 계약 협상 사례
협상당사자 (직접)	-R재생업체 대표 RA -C사료제조사 대표 CA
협상당사자 (간접)	-S곡물제조사
협상쟁점	-폐기물 처리계약 재계약
입장	-RA: 기존계약 모두 폐기, 4년 장기계약 -> 8개 시설 12% 감액, 4년 장기계약 -> 무계약 2개 시설 4년 장기계약 -> 8개 시설 10% 감액, 4년 장기계약 -CA: 긍정적 검토 -> 기존대로 계약 요구 -> 수용 -> 수용
이해관계	-RA: S곡물제조사의 10% 감액 요청을 맞추기 위한 통일계약 -CA: 고령을 고려 손해 없는 장기계약
협상기법	-RA는 2개 무계약을 다른 경쟁사와 계약할 BATNA 활용 -CA의 연령과 스타일에 맞도록 장기계약 체결 -CA과의 친근감과 소통을 구사
조력자 조정중재인	-RA는 S제조사의 의뢰인을 대신한 대리협상을 담당

이번 협상에서 사용한 기법은 3가지이다. 즉, RA는 2개 무계약을 다른 경쟁사와 계약할 BATNA를 활용한 것, CA의 연령과 스타일에 맞도록 장기계약을 체결하는 것, CA과의 친근감을 만들고 효과적 소통을 구사하였다.

간접 당사자인 S제조사가 직접 CA와 곡물폐기물처리 협상을 해야 하나 대리인으로서 RA가 협상을 하는 구조이다. 자문이나 조정중재 같은 제3자의 역할이 있지는 않으며 RA가 S제조사의 협상 대리인으로서 직접 협상을 수행하였다.

2) 사례의 교훈

(1) 초기 제안

RA가 과도한 비현실적 초기 제안을 했을 때 CA와의 협상이 매우 비관적이었으나 협상의 하나의 기준점이 되었다. CA가 테이블에 다시 왔을 때 RA가 역 제안을 요구했을 수도 있다. RA는 대신 CA에게 자신의 목적을 충족시키기 위해 신뢰를 보여주는 방법으로 초기 제안에서 물러섰다. 이것이 RA로 하여금 과정을 통제할 수 있도록 했다. RA가 CA에게 역제안을 요구했다면 ZOPA가 너무 커서 협상이 결렬될 수도 있었다.

(2) 다른 방법으로 신호를 보냄

초기 제안 실패 후에 RA는 시설 하나를 다른 경쟁자에게 넘겼다. 이것이 전체를 붕괴시킬 수도 있었으나 자신의 말과 행동을 잘 지키면서 그 반대의 효과를 보았다. 8개 시설이 모두 중요한 비즈니스이고 잃어버릴 수 없다는 걸 알았다. 다행히 RA는 매우 좋은 BATNA를(다른 경쟁자) 가지고 있어서 잘 추진할 수 있었다.

(3) 단기 성과와 장기 관계의 균형

RA는 S곡물제조사에 대한 단기 성과가 중요하지만 C사료제조사와의 잠재적 장기 파트너십도 중요하다는 현실을 분명히 파악하였다. 만약 단지 성과에만 몰두하였다면 CA가 실망하고 결렬시켰을 것이다.

(4) 개인적 친분 활용

RA와 CA는 개인적으로 연결되어 좋아하는 친분 관계가 되었다. CA가 RA에게서 자신의 젊은 모습을 보는 기분이고 RA와 CA는 CA의 경험으로부터 교훈을 나누어갖기를 원하도록 이끄는 윤리적 유산을 공유하였다.

(5) 끈기

협상에서 과잉 대응을 하지 않고 끈기를 유지한 것이 중요했다. 초기제안에서 결렬의 위기가 왔을 때 다른 길을 가는 끈기가 중요했다.

[콘텐츠 계약 협상]

사례 4.

시트콤 리메이크권 수출 계약 협상 사례

1. 협상 배경

A사는 한국의 주요 방송사 중 하나다. 전 세계에 한국 콘텐츠를 활발하게 수출하고 있는 한류의 주역이기도 하다. A사 판매 담당자는 베트남에서 열리는 국제콘텐츠마켓인 Telefilm에서 베트남의 D사와 비즈니스 미팅을 하게 되었다. D사 담당자가 A사의 한 시트콤 방영권을 구매하고 싶다는 의사를 밝혔고 이로써 본 계약 협상이 시작되었다.

2. 협상 당사자와 쟁점

D사는 베트남의 제작사이다. 방영권 유통 및 드라마 시리즈 제작을 주로 하는, 설립된 지 6년 된 중소 규모 회사다. 직전 연도에 A사의 예능 포맷을 구매한 바 있으며 이로서 양 사 간에는 파트너십이 어느 정도 형성되었다. 당시 거래된 포맷은 회당 US$3,000이다. [24]

D사 협상 담당자는 D사의 사장이다. 중소 규모의 제작사인 만큼 사장이 직접 협상 테이블에 나섰다. 외향적인 성격의 50대 베트남 남성이다.

D사는 A사의 한 시트콤의 방영권 구매를 희망한다. 콘텐츠의 권리에는 방영권, 리메이크권, 전송권, 복제배포권 등이 있다. 콘텐츠 구매자는 이 중 모든 권리(all rights)를 구매할 수도, 권리 중 일부만을 구매할 수도 있다.

3. 협상 전략과 준비

협상 준비가 철저하지 못할수록 협상이 실패할 가능성이 높아진다. 이렇듯 협상의 강력한 무기 중 하나는 '준비'다. 협상을 잘 준비하기 위해서는 먼저 '정보 수집'이 필요하다.

그렇다면 이번 협상에서 수집하고 분석해야 할 정보는 무엇일까? 베트남의 방송 시장 현황, 베트남 내 한류 현황, 시장 가격, 선례, 협상 상황 및 역학 관계, D사에 대한 정보(규모, 사업, 경쟁 상대, 기존 거래 내역 등), D사의 협상 담당자 정보 및 협상 스타일, D사의 입장(position)과 이해관계(interest) 등이 있다.

먼저, 베트남의 방송 시장 및 한류 현황을 살펴보자. 2016년 기준으로 베트남은 인구의 97%가 TV를 보유하고 있다. 베트남 내에는 총 64개 방송사, 46개 케이블 오퍼레이터, 3개의 위성 사업자가 있다. 베트남 한류는 1997년 HTV에서 방영된 <느낌>(KBS)의 인기로 시작되었고, 1998년 <의가형제>(MBC)가 선풍적인 인기를 끌면서 주연배우 장동건은 베트남의 '국민배우'라는 평을 얻게 된다. 베트남 내 한류의 인기 요인은 두 국가의 역사적 배경이 유사한 점, 가족을 중시하는 문화 등으로 공감대 형성이 용이했던 점으로 보인다.

시장 가격은 다음과 같다. 시장 조사 출장을 통해 베트남 로컬 드라마 제작비가 회당 US$6,000 ~ US$10,000임을 확인하였다. 또한 리메이크를 할 경우 채택 가능한 대본 비용은 회당 US$500 ~ US$1,000 수준이다. 리메이크의 경우 번역, 로컬라이징 등 재제작비, 캐스팅, 제작 등에 비용이 많이 소요되므로 대본 비용 지출에 한계가 있다.

2010년 베트남 정부의 자국 문화산업 보호 정책의 일환으로 방영 쿼터제가 도입됨에 따라 한국 드라마 방영편수가 감소했음에도 불구하고 한국 드라마는 꾸준히 방영되고 있는 상황이었다. 하지만 베트남 내에서 한류 외에도 필리핀, 인도 콘텐츠의 인기가 높아지고 있다. 이로써 한류가 정점에서 하강 곡선을 타기 시작했다는 것을 알 수 있다. 베트남 방송사들은 그 원인을 한국 콘텐츠의 높은 판권비와 식상한 스토리라인 등으로 꼽았다. 하지만 베트남은 방송사와 채널수가 매우 많기 때문에 콘텐츠 선점을 위해 콘텐츠 가격이 다소 부담스러워도 구매하는 경향이 있다. 또한 콘텐츠 구매 시 로맨틱 코미디나 가족 드라마를 선호한다.

다음으로 D사에 대한 정보다. D사는 베트남의 제작사로서 방영권 유통 및 드라마 시리즈 제작을 주로 하는, 설립된 지 6년 된 중소 규모 회사다. 이전 거래를 통하여 D사 담당자의 성향을 어느 정도 파악할 수 있었다. 외향적이고 의사결정이 빠르며 까다롭지 않은 상대다. 첫 거래에서 좋은 인상이 남았으며 긍정적인 파트너십이 형성된 상태다.

마지막으로 D사의 입장(position)과 이해관계(interest)를 파악해야 한다. 입장이란 겉으로 드러나는 주장을 의미하고 이해관계는 그 안에 숨겨진 욕구를 말한다. 협상에서는 상대의 입장과 이해관계를 모두 파악할 수 있어야 원윈할 수 있는 통합적 협상이 가능해진다. D사의 요구는 A사의 시트콤 방영권 구매다. D사의 이해관계는 한국의 인기 있는 시트콤을 유통함으로써 매출 확보 뿐 아니라 베트남 방송 시장에서의 입지를 다지고 싶은 것이다. 상대의 이해관계는 쉽게 드러나지 않기 때문에 D사 담당자와 함께 식사를 하면서 파악할 수 있었다.

이렇게 정보 수집이 끝나고 나면 다음 단계로 이번 협상의 '목표'를 설정할 차례다. Shell은 협상에서 얻고자 하는 목표를 분명히 하지 않으면 협상가는 언제 상대방에게 '예' 또는 '아니요'라고 답할지 모른다고 하였다. 또한 협상 목표를 명확하게 설정하고 이를 달성하기 위해 노력할수록 보다 많은 협상성과를 얻을 수 있다고 하였다. [25]

A사 담당자는 목표를 다음과 같이 설정한다.

» 가격
  ① 목표 가격 : 회당 US$1,000
  ② 유보 가격(reservation price) : 회당 US$700

시장 조사 결과 리메이크 시 채택 가능한 대본 비용은 회당 US$500~US$1,000 수준임을 알았다. 또한 당해 연도에 A사 신작 드라마의 리메이크권 계약이 당시 높은 수준(US$1,500)으로 체결되었음을 고려하였다. 다만, 시트콤 회차 수(63회)는 드라마(16회)에 비해 장편이고 구작임을 고려하여 그보다는 낮게 책정해야 한다. 시트콤 장르는 베트남 내에서 인기 장르인 로맨틱 코미디와 유사하며 이 시트콤은 한국에서 시청률이 높았던 인기작이다. 또한 베트남 내 채널수가 많아 우리 쪽 바트나(BATNA)가 상대적으로 강하다는 점, D사가 먼저 구매 의사를 피력하였다는 점, 베트남 시장에서 리메이크권이 잘 팔린다는 점, D사가 중소 제작사로서 자금 지불 여건이 높지 않다는 점 등의 역학 관계도 따져보았다. [26]

마지막으로 이 시트콤과 유사한 다른 시트콤의 베트남 리메이크권 판매 가격이 회당 US$700이었다. 종합적으로 고려하여 목표 가격은 US$1,000, 유보 가격은 US$700으로 책정하였다. 유보 가격은 더 이상 양보할 수 없는 마지노선을 뜻하는 용어로서 그 미만일 경우 협상 결렬을 선언할 수 있는 기준이 된다.

» **계약 기간**
① 목표 기간 : 2년
② 유보 기간 : 5년

이번 계약에서 A사가 중요하게 생각하는 가치는 '가격'이며 따라서 '계약 기간'은 유보기간 내에서 상대의 의향에 최대한 맞추어줄 용의가 있다.

» **입금 일정**

입금 일정 또한 유동적이다. A사 내부 방침에 따라 입금이 100% 완료된 후에 자료(대본 및 홍보 자료)를 제공하기로 되어 있으므로 그 원칙만 지켜준다면 분할 납부나 납부 시기는 상대 측 요구에 따라 협의 가능하다.

이렇게 협상 준비가 완료되었다면 다음은 '전략'을 수립할 단계다. Thomas-Kilmann의 Five Conflict-Handling Modes에 의거하여 살펴보자. 이 모델은 자기중심성(Assertiveness)과 협력성(Cooperativeness)을 두 축으로 하여 실현 가능한 5가지 전략을 보여준다. 경쟁전략(Competing), 협력전략(Collaborating), 타협전략(Compromising), 회피전략(Avoiding), 수용전략(Accommodating)이다.

그림 2.4.1 Thomas-Kilmann의 5가지 갈등관리전략

출처: Xicom, Inc.(2007)

A사 담당자는 이번 거래에서 '협력전략'을 사용하려고 한다. 협력전략은 통합적 협상의 기본 전략으로서 윈윈전략으로도 볼 수 있다. 자신의 이익 달성 뿐 아니라 상대의 이익 달성 여부에도 높은 관심을 보이며 공통의 이익을 극대화하려는 전략이다. 이익과 관계의 두 마리 토끼를 잡는 전략이라고 할 수 있다.

공급자(판매자)와 구매자의 협상에 관한 연구에 따르면 공급자 집단주의는 공급자의 협상성과에 긍정적 영향을 미치는 반

면, 구매자 집단주의는 구매자의 협상성과에 부정적 영향을 미친다고 한다.[27] 즉, 판매자 입장에서는 구매자에게 협력적인 모습을 보일 때 협상성과가 더 높다는 것이다.

협력전략은 피셔-유리의 '원칙화된 협상'과도 유사하다. '원칙화된 협상'에는 5가지 원칙이 있다.[28]

① 입장을 근거로 거래하지 말라
② 사람과 문제를 분리하라
③ 입장이 아닌 이해관계에 초점을 맞추라
④ 상호 이익이 되는 옵션을 개발하라
⑤ 객관적 기준을 사용할 것을 주장하라

이를 바탕으로 A사의 협력전략을 구상해보면 다음과 같다. D사는 A사의 한 시트콤의 방영권 구매를 희망한다. 하지만 그 시트콤의 방영권은 이미 베트남 시장에 판매가 되었고 계약 기간 만료 전이라 D사에 판매가 불가한 상황이다. 그렇다면 이 거래는 협상이 시작되기도 전에 불발된 것처럼 보인다. 여기서 원칙화된 협상의 세 번째 원칙을 살펴보자. 입장(position)이 아닌 이해관계(interest)를 파악하는 것이다. 앞서 말했듯 D사의 '입장'은 A사의 시트콤 방영권을 구매하는 것이다. 하지만 D사의 '이해관계'는 한국의 인기 있는 시트콤을 유통함으로써 매출 확보 뿐 아니라 베트남 방송 시장에서의 입지를 다지고 싶다는 것이다. 이렇게 이해관계를 파악한 후에 제4원칙을 적용하여 옵션을 개발해본다면 어떨까?

시트콤의 '방영권'은 이미 판매가 되어서 판매가 불가하다. 하지만 D사가 제작사임을 떠올려보자. D사는 판권을 구입하여 베트남 방송사에 유통하는 에이전시(agency)의 역할도 하고 있지만 본질은 콘텐츠를 제작하는 제작사이다. 그렇다면 시트콤을 D사가 베트남 버전으로 다시 제작하여 베트남 내에 방송을 하면 어떨까? 바로 현재 이용 불가한 '방영권' 대신 '리메이크권'을 판매하는 것이다. D사에게 제안해볼 수 있는 새로운 옵션이 창출되었다. 리메이크 제작 시에는 본사의 제작 인력을 파견하여 노하우를 전수해주는 제작 지원 또한 옵션에 포함시킬 수 있을 것이다.

또 다른 옵션은 A사가 요구하는 시트콤이 아닌 또 다른 시트콤을 추천해주는 방법이다. 시트콤 장르는 코믹한 요소가 강한 드라마로서 장르의 유사성이 있다. 따라서 다른 인기 시트콤을 추천해줌으로써 판매를 유도해볼 수 있을 것이다.

세 번째 옵션은 공동제작이나 신사업 등 공동 사업을 진행하는 것이다. 2010년 베트남은 자국 콘텐츠 방영 쿼터제를 도입할 만큼 자국의 문화산업 보호 정책에 힘쓰고 있다. 정부가 한국의 대중문화 확산을 경계하는 분위기가 있으므로 일방향의 한류확산은 자칫 반 한류로 전향될 수 있음을 고려해야 한다. 따라서 한국의 제작기술 노하우 등을 현지에 제공하거나 함께 공동으로 콘텐츠를 제작하는 파트너십을 도모할 필요가 있다.

이렇듯 상대의 이해관계(interest)를 파악하여 세 가지 새로운 옵션을 창출하였다.

4. 협상 진행 과정

D사를 만나 '방영권' 대신 '리메이크권' 구매를 제안하였다. 다행히 D사는 원래 의도했던 방영권 구매는 불가함을 인지하고 리메이크권이라는 새로운 옵션 창출에 동의하였다. 다만 자신들이 중소 제작사로서 '제작 자문' 비용은 감당할 수 없을 거라고 했다. 따라서 '대본'만을 거래하는 단독 리메이크권 협상이 시작되었다.

양측은 먼저 합의 가능 영역(ZOPA, Zone of a Possible Agreement)을 탐색하였다. 우리뿐만 아니라 상대 또한 자신의 유보가격을 최대한 숨기려 하기 때문에 서로 탐색전이 벌어졌다. '누가 먼저 거래 조건을 말하느냐'에 따라 협상 우위가 판가름 날 수도 있기 때문이다. 그렇다면 누가 먼저 거래 조건을 제시하면 좋을까? 답은 상황에 따라 다르다. 한 마디로 협상 우위를 지닌 쪽이 먼저 조건을 제시하는 편이 유리할 수 있다. 협상 우위를 우리가 가지고 있으면 앵커링(Anchoring) 효과를 누릴 수 있고, 반대로 상대방이 가지고 있다면 승자의 저주를 방지할

수 있기 때문이다.[29]

A사와 D사는 기존의 첫 거래를 통해 이미 파트너십이 어느 정도 형성된 상태였다. 이번 거래에서는 D사가 먼저 구매 의사를 밝힌 상황이다. 또한 A사는 베트남 내의 리메이크 판매에 대한 거래 표준이 어느 정도 확립된 상태였다. 이러한 상황을 고려하면 이번 거래에서는 A사가 먼저 조건을 제시하는 편이 유리할 수 있을 것이다. 따라서 A사 담당자는 다음과 같이 첫 제안(initial offer)을 하였다.

☐ 가격 : 회당 US$1,300
☐ 계약 기간 : 1년
☐ 입금 일정 : 계약 체결 후 2주 이내 100% 입금(단, 100% 입금 후 자료 발송)

협상 커뮤니케이션 과정은 '제안(offer)과 역제안(counter offer)의 연속'으로 볼 수 있다. 제안과 역제안을 반복하면서 점차적으로 거리를 좁혀나가다가 합의점에 도달하는 것이다. A사의 첫 제안을 받은 D사는 협상의 여지를 고려하여 자신의 목표 가격 보다는 낮은 수준으로 역제안을 해 올 것이다. D사는 다음과 같이 역제안을 하였다.

☐ 가격 : 회당 US$700
☐ 계약 기간 : 3년

☐ 입금 일정 : 계약 체결 후 30%, 6개월 이내 70%(단, 100% 입금 후 자료 발송)

A사 담당자 입장에서 보면, 가격 면에서 먼저 첫 제안을 높게 제시함으로써 앵커링 전략이 효과를 발휘한 것으로 보인다. D사 담당자의 역제안(US$700)으로 계약이 체결된다 하더라도 자신의 유보 가격과 동일한 수준이기 때문이다. 또한 계약 기간은 A사와 D사의 제안을 절충하는 '타협전략'을 사용한다면 A사의 목표 기간인 2년으로 체결 가능할 것으로 보인다.

마지막으로 입금 일정은 A사의 일괄적 협상 대상 중 가장 중요하지 않은 쟁점이다. '100% 입금 후 자료 발송'이라는 A사의 내부 원칙을 D사가 존중해주고 있으니 그 외 일정은 크게 중요치 않은 상황이다. 따라서 A사는 입금 일정에 대한 D사의 요청을 최대한 존중하되, 이를 협상의 흥정 보따리로 활용하기로 하였다.

A사 담당자는 D사의 제안에 대하여 다음과 같이 역제안(counter offer) 하였다.

☐ 가격 : 회당 US1,100
☐ 계약 기간 : 2년
☐ 입금 일정 : 계약 체결 후 30%, 3개월 이내 70%(단, 100%

입금 후 자료 발송)

이에 대해서는 협상 준비 시 마련한 근거들을 내세웠다. 그리고 D사의 제안 또한 일정 부분 수용하였음을 보여주었다.

이에 D사는 또 다시 역제안을 하였다. 가격을 높여줄 테니 계약 기간과 입금 일정을 수용해달라는 의견이다.
  □ 가격 : 회당 US$1,000
  □ 계약 기간 : 3년
  □ 입금 일정 : 계약 체결 후 30%, 3개월 이내 30%, 6개월 이내 40%(단, 100% 입금 후 자료 발송)

위의 조건은 A사가 마지노선으로 정한 유보 조건을 모두 넘지 않으며, 특히 A사에게 가장 중요한 쟁점인 '가격' 조건에서 목표를 달성했다. 그래서 A사는 D사의 제안을 수용하기로 하였다. 협상 마무리 단계에서 니블링 전략을 사용하며 조건을 보다 자신들에게 유리하게 가져오려는 시도를 할 수 있었으나, 자칫 감정을 상하게 할 우려가 있어 양측이 모두 만족한 시점에서 조건을 수용한다.[30]

이렇게 제안(offer)과 역제안(offer)을 거듭하면서 서로 간의 간극이 좁혀지고 어느 한 지점에서 최종 타결이 되는 것이 협상이다.

물론 위와 같은 제안을 할 때는 설득력 있는 논리를 가지고 상대를 설득해야 한다. 콘텐츠의 가치를 보여주기 위해 한국에서의 시청률, 권리가 판매된 국가들, 성과를 보여주는 기사(articles)나 데이터, 리메이크 권리에 대한 시장 가격, 선례 등 정률적인 내용과 더불어 콘텐츠에 대한 담당자의 자신감과 자부심, 우리 쪽 바트나에 대한 은근한 노출 등의 정성적 요소도 갖추는 것이 좋다. 역제안을 할 때는 상대가 제시한 제안이 위와 같은 상황에 비추어 볼 때 합리적이지 않음을 지적하였다.

이번 협상에서 일괄적 협상 대상(흥정 보따리)에 '제작 지원'이 포함되었더라면 협상 과정은 훨씬 복잡하고 까다로웠을 것이다. 하지만 애초에 D사가 자신들의 한계 요인을 명확히 함으로써 쟁점이 간소화되었다. 또한 이 쟁점은 조건이 3가지인 다중 쟁점으로서 이 조건들을 흥정 보따리에 넣고 한꺼번에 조율할 수 있었다.

결과적으로 이번 협상에서 사용된 전략은 '타협전략'이다. 출발은 '협력전략'이었다. 방영권이 아닌 '리메이크권'이라는 새로운 옵션을 창출하고 '제작 지원'을 흥정 보따리에 넣어 파이를 키우려는 시도를 했다. 하지만 쟁점이 간소화됨에 따라 양측이 제시한 조건의 중간 어디쯤에서 합의점을 찾은 '타협전략'

으로 귀결되었다. 타협 전략에 대한 전문가의 의견은 엇갈리지만 현실에서 실용적으로 가장 많이 사용되는 전략이기도 하다.

5. 협상 결과

협상 결과는 다음과 같다. 이번 협상은 '협력전략'으로 시작해서 '타협전략'으로 끝을 맺은 협상이었다.
☐ 가격 : 회당 US$1,000
☐ 계약 기간 : 3년
☐ 입금 일정 : 계약 체결 후 30%, 3개월 이내 30%, 6개월 이내 40%(단, 100% 입금 후 자료 발송)

협상 성과는 결과 만족도와 과정 만족도, 그리고 win-win 타결 정도 등으로 측정할 수 있다. [31]

또한 White, Tynan, Galinsky & Thompson에 의하면 '협상자의 주관적 느낌은 협상의 객관적 결과에 못지않게 중요하다고 한다. Curhan 등과 Thompson & Hastie에 따르면 그 이유는 대부분의 경우 협상가들이 본인의 협상결과를 객관적으로 평가할 방법이 없기 때문이다. 또한 Oliver, Balakrishnan & Barry에 의하면 주관적 느낌은 비즈니스 관계에서 특히 중요한데 이는 협상결과에 대한 만족감뿐 아니라 상대방과 비즈

니스 관계를 계속 유지하려는 의도에도 중요한 영향을 미치기 때문이다.[32]

이를 기준으로 볼 때 A사 입장에서 이번 협상은 결과 만족도, 과정 만족도, win-win 타결 정도, 주관적 가치 면에서 모두 만족스러운 협상이었다.

6. 협상의 구조분석과 교훈

1) 협상의 구조분석

먼저, 이번 시트콤 리메이크권 수출 계약 협상의 구조를 요약하면 표 2.4.3과 같다. 협상의 당사자는 한국의 방송사(A사)와 베트남의 제작사(D사)이고 협상의 쟁점은 콘텐츠의 판매 가격, 계약 기간 및 입금 일정 등 3가지이다.

3가지 쟁점의 입장변화를 보면 다음과 같다. 판매 가격은 A사 US$1,300에 대해 D사 US$700의 입장이 대립되다가 A사 US$1,100의 양보와 D사 US$1,000를 거쳐 최종 US$1,000로 합의되었다. 계약 기간은 가격 입장 변화와 유사하게 A사 1년 -> D사 3년 -> A사 2년 -> D사 3년으로 최종 합의되었다. 입금 일정은 A사 계약 체결 후 2주 이내 100% 입금 -> D사 계약 체결 후 30%, 6개월 이내 70% -> A사 계약 체결 후 30%, 3개월 이내 70% -> D사 계약 체결 후 30%, 3개월 이내 30%, 6개월 이내 40%으로 양보 패턴을 그리며 D사 마지막 제안으로 최종 합의되었다.

표 2.4.3 시트콤 리메이크권 수출 계약 협상의 구조분석

항목	내용
제목	시트콤 리메이크권 베트남 수출 계약 협상
협상당사자	-한국의 방송사(A사) -베트남의 제작사(D사)
협상쟁점	-판매 가격 -계약 기간 -입금 일정
입장	-판매 가격 : A사 US$1,300 -> D사 US$700 -> A사 US$1,100 -> D사 US$1,000(최종) -계약 기간 : A사 1년 -> D사 3년 -> A사 2년 -> D사 3년(최종) -입금 일정 : A사 계약 체결 후 2주 이내 100% 입금(100% 입금 후 자료 발송) -> D사 계약 체결 후 30%, 6개월 이내 70%(상동) -> A사 계약 체결 후 30%, 3개월 이내 70%(상동) -> D사 계약 체결 후 30%, 3개월 이내 30%, 6개월 이내 40%(상동)(최종)
이해관계	-A사: 수익(가격) 극대화를 통한 매출 달성 -D사: 베트남 방송 시장에서 입지 다지기
협상기법	-양사 모두 BATNA, 협력전략 및 타협전략 사용
핵심교훈	-정보 수집 등 협상 준비의 중요성 -목표 설정(일괄적 협상 대상, 목표 조건, 유보 조건) -타협전략이 현실에서 실용적으로 많이 사용됨 -협상 결과에서 주관적 느낌의 중요성

양 측의 이해관계는 서로 다른 측면을 보여주고 있다. A사는 수익(가격) 극대화를 통한 매출 달성을 원하고 있으나 D사는 베트남 방송 시장에서 입지 다지기를 원하고 있다. 협상에서 사용한 기법은 양사 모두 BATNA, 협력전략과 타협전략이었다.

2) 협상의 교훈

앞에서 시트콤 리메이크권 수출 계약 협상을 분석한 결과 다음의 교훈을 도출할 수 있다.

'시트콤 리메이크권 베트남 수출 계약' 협상 사례를 통하여 정보 수집, 목표 설정, 전략 수립, 협상 진행에 이르는 프로세스를 하나씩 살펴보았다. 사례 분석의 전체 내용 중에서 '협상 준비' 파트의 분량이 가장 많았다. 이는 여러 학자들이 검증한 것처럼 협상을 철저히 준비하는 것이 중요하다는 방증일 것이다. 물론 협상이 항상 계획대로 100% 이루어지는 것은 아니다. 체스 판의 말처럼 새롭게 짜인 판을 읽어내고 전략을 수없이 수정하는 과정을 반복하며 합의점에 점점 근접해 가는 것이다. Raiffa라는 학자는 'Negotiation dance'라는 표현을 썼다.[33] 협상은 상대와 함께 호흡을 하며 춤을 추는 과정이라는 것이다. 상대의 리듬에 맞추어 밀고 당기기도 하면서 함께 합일점을 향해 나아가는 것, 그것이 바로 협상이다.

'목표 설정' 부분에서는 일괄적 협상 대상을 3가지로 구분하였고 각각의 목표 조건과 유보 조건을 설정해두었다. 목표 조건은 말 그대로 목표로 하는 조건을 말하며, 유보(reservation) 조건은 더 이상 양보할 수 없는 마지노선을 뜻한다. 그 미만일 경우에는 협상 결렬을 선언할 수 있는 기준이 된다.

'전략 수립' 단계에서는 Thomas-Kilmann의 5가지 갈등관리전략 모형에 의거하여 전략을 세워보았다. 이 모델은 자기중심성과 협력성을 두 축으로 하여 실현 가능한 5가지 전략을 잘 보여준다. 경쟁전략(Competing), 협력전략(Collaborating), 타협전략(Com-promising), 회피전략(Avoiding), 수용전략(Ac-commodating)이다. 이번 사례에서는 협력전략으로 시작하여 타협전략으로 끝을 맺었다. 이는 비즈니스 협상에서 쉽게 볼 수 있는 가장 기본적인 형태이다. 윈윈 전략이라고 불리는 '협력전략'을 추구하면서도, 거래 협상에서 현실적으로 가장 많이 이루어지는 형태는 바로 '타협전략'일 것이다.

마지막으로 '협상 결과'는 결과 만족도와 과정 만족도, 그리고 win-win 타결 정도와 주관적 느낌 등을 기준으로 평가할 수 있다. '주관적 느낌'이 협상의 객관적 결과 못지않게 중요하다는 점에 주목할 필요가 있다. 우리가 하는 협상은 '사람'을 대상으로 하는 것이고, 사람은 사실(fact)보다는 감정으로 움직이고 의식보다는 무의식의 지배를 받는 존재이기 때문이다.

[브랜드 사용료 협상]

사례 5. 브랜드 사용료 협상 사례

1. 협상 배경

A사는 여러 개의 자회사들을 보유하고 있는 지주회사다. 자회사들은 A사의 브랜드 명을 내세워 부가사업을 진행하고 있다. 얼마 후 A사는 세무 당국으로부터 법인세를 추징당하게 된다. A사가 자회사들로부터 브랜드 사용에 대한 대가를 지급받지 않았다는 이유에서다.

당시 판결 근거는 다음과 같다.

"상표권의 가치 창출 및 상승에 대한 기여자가 누구인지와 관계없이 그 상표를 사용할 배타적, 독점적 권한은 상표권자에게 있으므로, 누구든 그 상표를 사용하기 위해서는 상표권자로부터 허락을 받아야 함은 물론 그 상표 사용에 대한 대가를 지급하는 것이 합리적인 거래행위라고 보아야 한다. 자회사로부터 상표 사용료를 지급받지 않은 것은 법인세법상 부당행위에 해당한다고 봄이 타당하다."

그래서 A사는 앞으로 브랜드 사용료 기준을 마련하고 자회사들로부터 브랜드 사용료를 지급받아야 한다.

2. 브랜드 사용료의 업계 현황

최근 브랜드 사용료가 기업 경영에 있어 이슈가 되고 있다. 기업의 경영활동에 있어 무형자산의 역할이 커지고 있는 것이다.

S&P 500 기업의 시가총액 중 무형자산의 비율은 1975년 17%에 불과했으나 이후 점차 증가하여 2005년에는 80%, 2015년에는 84%, 2020년에는 90%까지 치솟았다고 한다.[34]

브랜드 사용료란, 브랜드의 직접적인 사용 및 가치 증진을 위해 수행하는 용역에 대한 대가이다.

Keller에 따르면 브랜드를 자산 가치로서 관심을 갖게 된 것은 1980년대 후반 무렵부터이다. 산업정책연구원에 따르면 당시 미국 및 유럽에서 기업 인수합병(M&A)가 성행했는데 외부의 공격으로부터 자신을 방어하기 위한 수단으로서 브랜드 가치를 환산하여 대차대조표에 포함시켰다는 것이다. 하쿠호도 브랜드 컬설팅에 따르면 이로 인하여 네슬레(Netsle)는 킷캣(KitKat)과 폴로(Polo) 캔디 등을 소유한 라운트리(Rowntree)사를 인수하면서 주식가격의 3배에 달하는 금액을 지불하기도 하였다.[35]

한국에서의 브랜드 사용은 과거 무상으로 이루어졌으나, 브랜드 자산의 가치가 기업집단의 이미지와 명칭으로 인식되고 지주회사로 전환되면서 그 때부터 브랜드 사용료를 부과하기 시작하였다. 일반적으로 브랜드 사용료는 자회사의 매출액에 일정 비율을 곱하여 산정된 금액을 지급한다. 브랜드 사용료 지급이 일반화되면서 국세청 및 금융 감독원을 필두로 한 정부의 규제가 시작되었다.[36]

공정거래위원회가 발표한 기업집단별 연간 상표권 사용료 현황을 표로 살펴보면 다음과 같다.

표 2.5.1 기업집단별 연간 상표권 사용료 현황(2020년)

사용료	집단수	해당 집단명
2,000억원 이상	2	엘지, 에스케이
1,000억원~2,000억원 미만	1	한화
500억원~1,000억원 미만	3	씨제이, 롯데, 지에스
100억원~500억원 미만	14	현대자동차, 효성, 두산, 한국타이어, DB, 한라, 엘에스, 코오롱, 현대중공업, 한진, 삼성, 미래에셋, 동원, 삼양
100억원 미만	26	에이치디씨, 금호아시아나, 포스코, 카카오, 네이버, 아모레퍼시픽, 하이트진로, 넥슨, 유진, 신세계, 대방건설, 하림, 애경, 이랜드, 세아, 부영, 태영, 케이티, 중앙, 한국투자금융, 셀트리온, 다우키움, 중흥건설, IMM인베스트먼트, 에쓰오일, 태광

　　2023년 말 SK하이닉스는 향후 3년간 브랜드 사용료를 대폭 늘리기로 결정하였다.[37] 당초 업계에서는 반도체 사업 부진으로 브랜드 사용료가 낮아질 것으로 예상했으나 실제 브랜드 사용료는 2021년~2023년 대비 18.4% 늘어난 것이다. 브랜드 사용료 지급 기준은 직전 사업연도 기준 매출액에서 광고 선전비를 제외한 금액의 0.2%로 책정하였다.

　　CJ도 마찬가지다.[38] 5개 자회사에게 내년도 지급받을 브랜드 사용료는 올해 브랜드 사용료보다 8.26% 증가한 수준으로 집계됐다. 이 기업의 브랜드 사용료 산정 기준은 매출액에서 광고선전비를 제외한 금액의 0.4%다.

반면 롯데는 특정 계열사의 브랜드 사용료 감면을 검토 중이라는 소식도 있었다.[39] 계열사가 지난해 2분기부터 5개 분기 연속 적자를 내면서다. 이 회사는 지주사 출범 해부터 당사 로고를 사용하는 회사와 브랜드 사용 계약을 체결하고 브랜드 사용료를 받고 있다. 브랜드 사용료 산정 기준은 매출액에서 광고 선전비를 제외한 금액의 0.2%(해외법인은 0.15%)다. 이 회사의 경우 실적 악화 등 경영 환경 변화에 따라 브랜드 사용료를 조정하는 계약 조항이 별도로 있다고 한다. 그에 따라 한 계열사에 올해 브랜드 사용료 감면을 검토 중이지만 이에 대한 의견은 분분하다. 감면 기준이 모호하고 복잡하다는 의견, 반면 경영 위기 상황에서 브랜드 사용료까지 부과하는 것은 계열사의 성장과 상생 도모 원칙에 어긋나므로 바람직하다는 의견 등이다.

이렇듯 브랜드 사용료를 바라보는 시각에는 여러 가지 관점이 존재한다.[40] 브랜드 사용료는 무형자산인 만큼 수취하는 것이 당연하다는 입장, 반면 가치 형성에 기여하지 않은 회사가 사용료를 받는 것이 과연 정당한지, 그리고 얼마를 받는 것이 적정한지 등에 대한 혼선도 존재한다.

3. 협상 전략과 준비

앞에서 살펴본 바와 같이 점차 브랜드 사용료 지급이 일반화되고 정부 규제가 심화됨에 따라 A사는 브랜드 사용료 징수 기준에 관하여 자회사들과 협상을 시작해야 한다. 그렇다면 A사 담당자는 어떻게 협상을 하면 좋을까?

'브랜드 사용료'라는 주제를 둘러싼 협상 환경을 분석해보자.

먼저, 브랜드를 소유한 회사가 브랜드 사용료를 수취하지 않으면 공정거래법, 세법, 상속·증여세법 및 형법에 저촉될 수 있다. 또한 브랜드 사용료를 면제하는 것뿐만 아니라 과도 수취, 과소 수취 모두 문제가 될 수 있다고 한다.

둘째, 브랜드 사용료를 얼마나 징수할 것인가의 문제는 사적 자치의 영역이므로 당사자 간 협의가 원칙이다. 브랜드 사용료는 업종, 상품, 브랜드 인지도 등 여러 요인에 따라 결정되기 때문에 획일적인 기준이 어려운 상황이다.

셋째, 브랜드 사용료 정책에도 혼선을 빚고 있다. 브랜드 사용료는 특허청, 금융 감독원·국세청, 공정거래위원회의 정책에 영향을 받는다. 하지만 정책에 일관성이 없고 별도의 가이드라인이 부재한 상황으로 보인다. [41]

넷째, 무형자산을 평가하는 방법에는 여러 가지가 있다. 수익

사례 5. 브랜드 사용료 협상 사례

접근법, 원가접근법, 시장접근법 등이 있으며 이러한 평가 방식을 통해 산정하기 위해서는 감정평가사 등의 전문가가 필요할 것으로 보인다.

다섯째, 매체와 학계에서는 기업이 브랜드 사용료 율을 정할 때 외부기관에 의한 다각적인 검토를 추천한다. 현재 별도 가이드라인 및 기준이 없는 상황이고 사적자치의 영역임에도 불구하고 4개 법령의 적용을 받고 있기 때문일 것으로 보인다.

마지막으로, 본사와 자회사 간의 역학관계를 고려하지 않을 수 없다. 본사가 적정치 못한 사용료 기준을 주장한다면 본사와 자회사 간의 관계가 악화될 수밖에 없을 것이다. 본사가 브랜드 사용료 징수 사업을 통해 수익성 극대화를 추구하려 한다면 자회사들의 허리를 졸라매는 셈이 될 것이다.

이번 협상 사례에서 무엇보다 중요한 전략은 '최대한 객관적 기준을 마련하는 것'이다. 위에서 언급한 6가지 협상 환경을 통합적으로 검토해보면 객관적 기준 마련이 필수적임을 알 수 있다.

또한 A사는 브랜드 사용료 기준을 처음으로 정립하려고 하는 시점이다. 객관적 기준을 사용하여 첫 기준을 마련한 뒤 향후 경영 상황에 따라 유연하게 적용하면 좋을 것이다. 여기서 기준에 해당하는 항목은 적용할 사업 부문, 사용료 율, 적용 기간 등이 있다.

그림 2.5.1 브랜드 사용료 산정에서 객관적 기준의 필요성

그렇다면 어떻게 '최대한 객관적 기준'을 마련하면 좋을까? 먼저, 외부 전문가의 도움을 받는 것이다. 브랜드 사용료(무형자산 평가)에 관한 외부 전문가는 감정평가법인 등이 있다. 감정평가법인을 통해 자문 및 컨설팅을 받아서 기준을 마련하도록 한다. 다음으로, 동일 산업군의 타 회사들을 선례 및 레퍼런스(참고 기준)로 삼는 것이다. A사가 속한 산업군의 타 회사들은 각각 자회사들에 대해 어떻게 사용료 율을 설정하고 있는지 확인해보면 좋을 것이다.

4. 협상 결과

A사는 외부 감정평가법인의 브랜드 사용료 평가 결과를 수용하여 자회사들과 협상을 진행하였다. 협상 중 제3자(전문가 집단)가 내린 객관적 판단의 중요성과 이러한 객관적 기준 활용에 대한 본사의 높은 수용도를 자회사들에게 보여주었다. 이에 자회사들도 객관적 기준 마련에 대한 필요성을 이해하고 점차 수용하는 방향으로 협상이 진행되었다. 결과적으로 감정평가법인의 감정 평가 결과에 따른 브랜드 사용료 산정 기준 및 사용료율을 바탕으로 본사와 자회사 간 최종 합의가 될 수 있었다.

5. 협상의 구조분석 및 교훈

1) 협상의 구조분석

먼저, 이번 협상의 구조를 요약하면 표 2.5.2와 같다. 협상의 당사자는 A사와 그 자회사들이고 협상의 쟁점은 브랜드 사용료율과 산정 기준 및 적용 사업 항목 등이다. 입장은 자회사로부터 브랜드 사용료를 처음 징수하는 것이며, 이해관계는 최대한 객관적 기준 마련을 통해 법령 등의 문제 소지 발생을 미연에 방지하는 것이다. 사용된 협상 기법은 원칙화된 협상이며 협상에서 '객관적 기준'을 사용하는 것의 중요성을 핵심 교훈으로 본다.

표 2.5.2 브랜드 사용료 협상의 구조분석

항목	내용
제목	브랜드 사용료 협상 사례
협상당사자	- A사 - A사의 자회사들
협상쟁점	- 브랜드 사용료율 - 산정 기준 및 적용 사업 항목 등
입장	자회사로부터 브랜드 사용료를 처음 징수하는 것
이해관계	최대한 객관적 기준 마련을 통해 법령 등의 문제 소지 발생 미연에 방지
협상기법	원칙화된 협상
핵심교훈	- 협상에서 '객관적 기준'을 사용하는 것이 중요함 (피셔-유리의 원칙화된 협상을 근거로 함)

2) 협상의 교훈

그리고 이 협상의 교훈은 다음과 같다.

피셔-유리는 <Yes를 이끌어내는 협상법>에서 '원칙화된 협상'을 주장한다. '원칙화된 협상'의 5가지 원칙은 다음과 같다.[42]

① 입장을 근거로 거래하지 말라

② 사람과 문제를 분리하라

③ 입장이 아닌 이해관계에 초점을 맞추라

④ 상호 이익이 되는 옵션을 개발하라
⑤ 객관적 기준을 사용할 것을 주장하라

이 중에서 제 5원칙 '객관적 기준을 사용할 것을 주장하라'에 주목해보자. 이에 대하여 피셔-유리는 다음과 같이 말한다.[43]

"공정하고 효율적인 기준이나 당신의 특정 문제가 갖고 있는 과학적 장점을 끌어들일수록 더욱더 현명하고 공정한 최종 일괄 협상안을 만들 수 있다. 객관적 기준을 토대로 한 논의를 통해 합의에 접근해가면 합의를 향해 나아가는 동안 공언하고 또 취소해야 할 언질의 수를 줄일 수 있다. 객관적 기준을 쓰는 사람들은 가능한 기준과 해결책을 의논하면서 시간을 더 효율적으로 사용할 수 있다."

이번 협상 사례는 협상에서 객관적 기준이 특히 필요했던 예시 중 하나가 아닐까 한다. 외부 기관의 검토와 동일 산업 군에 대한 참조를 통해 책정된 기준은 협상을 훨씬 용이하게 만들었을 것으로 확신한다.

[코칭 기반 협상]

사례 6. 감성 협상 및 코칭 기반 협상 사례

1. 협상 배경

　협상에서 감정은 생각보다 훨씬 중요하다. 협상은 '사람'을 대상으로 하고 사람은 사실(fact)보다는 감정으로 움직이고 의식보다는 무의식의 지배를 받는 존재이기 때문이다. 협상학의 대가이자 와튼스쿨 교수인 스튜어트 다이아몬드(Stuart Diamond)에 따르면, 협상에서 합의를 이끌어내는데 가장 중요한 요소는 바로 호감이나 신뢰 같은 인간적 요소(55%)라고 한다. 그다음이 절차(37%)이고, 전문 지식은 채 10%도 되지 않는다고 한다.

따라서 이번 챕터에서는 '감성 협상'에 대한 사례를 다뤄보고 협상에서 '코칭적 접근'의 필요성에 대해 이야기하고자 한다.

2. 협상 사례

먼저, 필자의 저서 <방송국에서 드라마 파는 여자>에 수록된 사례를 소개하겠다.

A사는 한국의 주요 방송사 중 하나다. A사는 얼마 전 국내 신규 런칭한 OTT 플랫폼 V사와 콘텐츠 공급 협상을 하게 되었다. 처음 거래를 트는 업체와 협상을 할 때 가장 난감하다. 이전에 거래를 한 번이라도 한 업체라면 레퍼런스(참고기준)가 있기 때문에 그에 준하여 협상을 할 수 있다. 하지만 처음 거래를 시작하는 업체와 협상을 할 때는 서로 탐색 기간이 길어지기 마련이다. 라포와 신뢰 관계를 쌓아야 협상이 원활해질 수 있는데 그러기 위해서는 시간과 노력이 필요하기 때문이다.

이러한 상황에서 A사 담당자는 어떻게 협상을 진행해야 할까?

A사와 V사는 콘텐츠 공급 계약을 맺기 위하여 서로 탐색전에 들어간 상태다. 하지만 V사 담당자가 매우 노련하게 자신의 의도대로 협상을 이끌어가며 최대한 낮은 가격으로 콘텐츠를

수급하려고 한다. 이미 타 방송사들은 V사와의 계약을 마치고 V사 플랫폼에 콘텐츠를 서비스 중이다. A사 콘텐츠만 쏙 빠져 있는 상황이기에 A사 담당자는 압박을 느끼고 있는 상황이다.

그 후로 수개월이 흘러간다. 서로의 의향만 살피다 시간이 훌쩍 지나버렸다. V사 담당자는 계약을 아예 포기하지는 않으면서 A사의 의향이 변해가는 것을 지속적으로 체크 중이다. A사는 V사와 계약을 빨리 체결하고 싶다. 팽팽한 교착 상태에서 벗어나 협조하는 방향으로 터닝 포인트를 마련해보고 싶다. 그래서 A사 담당자는 상대의 감정을 존중하는 방식으로의 전환을 시도한다.

먼저 상대의 말을 적극 경청한다. 상대의 입장(position) 뒤에 숨은 의도와 욕구(interest)를 파악하고 상대의 말의 행간을 읽어내고 숨은 의도에 집중한다.

또한 진솔함으로 무장한다. 협상이 교착 상태에 빠졌을 때는 '정직'이 최상의 방책이 될 수 있다. 솔직하게 현재의 상황을 공유하고 머리를 맞대고 해결책을 모색하는 것이 좋다.

상대를 칭찬하고 인정하는 것도 잊지 않는다. 칭찬과 인정은 팽팽하게 서로 줄다리기를 하는 상황에서 상대의 겨드랑이를 간지럽혀 줄을 놓아버리게 만들 수 있다. 협상을 할 때 적절한 칭찬을 더한다면 상대방은 무의식중에 우리를 좋은 사람으로 평가할 것이다. 그로 인해 전보다 훨씬 호의적이고 협조적인 태도를 보일 것이다.

　사람의 마음을 어루만지는 현명한 방식은 바로 이런 것들이다. 따뜻함, 칭찬, 인정, 진솔함, 신뢰, 수평적 파트너십..... 이것이 바로 코칭 철학이기도 하다.

　이렇게 방식을 전환하자 협상 분위기가 확연히 달라지기 시작한다. V사 담당자가 마음을 열기 시작한 것이다. 협상은 급물살을 탔다. V사 담당자는 예전보다 훨씬 협조적인 태도로 A사 담당자를 대했고 조건을 조율할 때도 솔직하게 속내를 드러내며 진행에 박차를 가한다. 어느 새 둘은 한 배를 탄 동지가 되어 있었다. '아, 그런 상황이었군요.' 서로의 처지에 대해 깊이 공감하며 입장차를 조율했고 그로부터 약 한 달 반 뒤 계약서에 도장까지 찍게 된다. 비록 좁혀지지 않는 평행선을 줄곧 그리느라 수개월을 그냥 흘려보냈지만 말이다.

　또 다른 사례를 살펴보자.

　최근 이스라엘과 팔레스타인 하마스 간의 갈등이 극에 치닫고 있다. 2023년 10월 하마스가 이스라엘을 공격하면서 부터다. 당시 끔찍한 사건들을 묘사한 뉴스들로 인하여 비행기로 12시간 떨어진 한국에서도 마음이 뒤숭숭했다. 그러던 중 눈길을 사로잡는 신문 기사 하나가 있었다. [44] 하마스 대원에게 인질로 붙잡혔다가 생존한 한 노부부 이야기였다. 하마스 무장 대원 5명이 집으로 쳐들어와서 라헬 부부를 감금했다. 그러자 라헬은 기지를 발휘한다. 배고프지 않으냐며 간식과 식사를 차려주고 가벼운 대화를 시도하며 서로 웃음꽃까지 피운 것이다. 그녀의 호의에 하마스 대원들의 경계심이 녹아내렸고 그들이 방심한 틈을 타 신고하여 결국 구조되었다. 더 놀라운 사실은 생존 방법을 묻는 기자의 질문에 대한 그녀의 대답이었다. "저는 우리 집에 오는 모든 사람에게 친절을 베풉니다."

그녀는 타고난 협상가이다. 그녀의 탁월한 협상 비결은 바로 상대에 대한 친절이었다. 이렇게 급박한 상황에서도 공감과 존중이라는 태도가 그녀의 목숨을 살린 것이다.

손예진과 현빈이 주연으로 나온 <협상>이라는 영화에서도 이와 비슷한 모습을 찾아볼 수 있다. 경찰청 소속 하채윤과 무기 밀매업자 민태구가 화상 통화로 협상을 시작한다. 하채윤은 인질의 목숨이 달려있는 긴장된 상황 속에서도 진정성 있는 태도로 민태구를 대한다. 식사 여부를 묻거나, 때로는 감정을 적절하게 내보이며 도움을 요청하기도 하며 조금씩 라포를 형성해간다. 실제로 대치하는 마지막 장면에서조차 그의 마음을 울린다. 사람은 자신을 이해해주고 공감해주는 사람에게 결국 마음을 여는 법이다.

2023년 8월 캠프 데이비드에서 열린 한미 양자회담에서 인상 깊은 기사 내용을 엿볼 수 있었다.[45] 한국 대통령과 미국 대통령, 두 정상이 '아버지' 이야기로 공감대를 형성한 것이다. 양자회담에 앞서 미국 대통령이 한국 대통령에게 "우린 닮은 점이 많다"며 아버지 이야기를 꺼내기 시작했다. 본인 아버지와 상대의 아버지가 비슷하다는 이야기를 전했다는 것이다. 그로 인해 한국 대통령은 미국 대통령에게 따뜻한 느낌을 받게 되었고 서로 간의 공감대가 형성되었다는 내용이다.

3. 협상에서 코칭 기반 접근이 필요한 이유

코칭(Coaching)이란 무엇일까?

코칭은 코치(coach)라는 말에서 파생되었다고 한다. 코치는 마차를 지칭하는 용어였다. 따라서 코칭이란 마차에 탄 고객이 가고자 하는 방향으로 스스로 목표를 정하고 갈 수 있도록 코치가 수평적 파트너십을 발휘하는 과정이다.

한국코치협회의 정의에 따르면 코칭은 '개인과 조직의 잠재력을 극대화하여 최상의 가치를 실현할 수 있도록 돕는 수평적 파트너십'을 말한다.

이러한 코칭적 접근이 협상에서도 충분히 활용될 필요가 있다.

그렇다면 협상에서 코칭 기반 접근이 필요한 이유는 무엇일까?

첫째, 전환적 협상과 코칭은 기본 철학에서 매우 닮아 있다. 협상은 크게 Lewicki가 구분한 '통합적 협상'과 '분배적 협상'[46], 하나 더 추가하자면 '전환적 협상' 등으로 구분할 수 있을 것이다. Robert A. Baruch Bush, Joseph P. Folger가 쓴 <The Promise of Mediation>은 갈등에 있어서의 전환적(transformative) 접근을 제안한다. 협상 또한 갈등을 해결하는 한 방식으로 볼 수 있으므로 여기서는 전환적 협상(transformative negotiation)이라는 방식으로 명명해 보기로 한다.

전환적(transformative) 접근이란, 갈등을 부정적이고 파괴적인 상호작용으로 보는 것이 아니라 긍정적이고 건설적인 상호작용으로 간주하는 관계적, 대안적 접근 방식이다. 이를 위해서는 상대방의 관점에 대한 인정, 이해, 공감, 개방성 등이 필요하다. 또한 사람들은 스스로 문제를 해결할 수 있고 다른 사람을 배려할 수 있는 능력도 있다고 가정한다. 적절한 환경을 조성하고 지원해주면 사람들은 이러한 잠재력을 발휘해서 문제를 해결해나갈 수 있다는 것이다.

이렇듯 전환적 협상과 코칭 철학은 마치 쌍둥이가 아닐까 싶을 정도로 유사하다. <마법의 코칭> 저자인 에노모토 히데다케는 코칭의 철학에 대해 이렇게 말했다. '모든 사람은 무한한 가능성을 가지고 있으며 그 사람에게 필요한 해답은 그 사람 내

부에 있다. 그 해답을 이끌어내기 위해서는 파트너가 필요하다'

전환적 협상을 위해서는 이러한 코칭 철학이 하나의 해결책이 될 수 있을 것이다.

둘째, 협상과 코칭은 커뮤니케이션 역량 측면에서 유사하다. 협상 역량에는 세 가지가 있는데 정보 역량, 협상 전술 및 전략 수립 역량, 협상 진행 역량이다.[47] 이 중에서 협상 진행 역량에는 다양한 세부 역량들이 있지만 그 중 하나는 커뮤니케이션 역량이다. 협상에서 커뮤니케이션이란 진정성 있고 열린 마음을 바탕으로 한 대화와 소통이다. 커뮤니케이션이 원활하지 않은 상황에서 협상 결과가 원만하게 도출되기를 기대할 수는 없다. 커뮤니케이션은 협상 성과와도 직결된다.

그런데 코칭은 상대의 잠재력을 최대화 하기 위하여 커뮤니케이션 역량을 절대적으로 필요로 한다. 따라서 협상 역량 중 커뮤니케이션 역량에서 코칭적 접근이 필요하다.

셋째, 협상의 주관적 만족도는 코칭을 이용하여 효과적으로 달성할 수 있다. 협상 성과는 결과 만족도와 과정 만족도, 그리고 win-win 타결 정도 등으로 측정할 수 있다.[48] 또한 협상의 주관적 가치에 대한 연구들도 많다. White, Tynan, Galinsky & Thompson에 의하면 '협상자의 주관적 느낌은 협상의 객관적 결과에 못지않게 중요하다고 한다. Curhan 등과 Thompson & Hastie에 따르면 그 이유는 대부분의 경우 협상가들이 본인의 협상결과를 객관적으로 평가할 방법이 없기 때문이다. 또한 Oliver, Balakrishnan & Barry에 의하면 주관적 느낌은 비즈니스 관계에서 특히 중요한데 이는 협상결과에 대한 만족감뿐 아니라 상대방과 비즈니스 관계를 계속 유지하려는 의도에도 중요한 영향을 미치기 때문이다.[49]

따라서 협상의 만족도 측면에서 협상자의 주관적 가치를 고려할 때 협상에서 코칭적 접근과 커뮤니케이션 방법을 사용한다면 협상자의 주관적 만족도에 큰 도움이 되리라고 본다.

넷째, 협상가의 딜레[50]마를 해결하기 위해 코칭이 필요하다. 협상가의 가장 큰 딜레마는 '비협조 해'일 것이다. 죄수의 딜레마에서 알 수 있듯이 각자 일정한 합리적 판단 하에 선택한 결과가 양쪽 모두에게 안 좋은 결과를 가져오는 것을 말한다. 조주은은 게임이론에서 크로포드가 게임 참여자가 상호작용과 소통을 통해 서로간의 신뢰를 확인하는 과정을 거칠 수 있다면 이를 극복 가능하다고 하였다. 또한 '협조게임'에 따르면 상대방도 나의 효용을 고려할 것이라는 '신뢰'가 중요하다는 것을 알 수 있다고 한다. 이와 같이 협상가의 딜레마를 극복하기 위해서도 코칭 기반 협상이 필요하다고 본다.

다섯째, 마지막으로 협상(전환적, 통합적)과 코칭의 핵심 역량이 서로 연계될 수 있다는 점이다. 한국코치협회의 8가지 핵심 코칭 역량은 다음과 같다: 윤리실천, 자기 인식, 자기 관리, 전문 계발, 관계 구축, 적극 경청, 의식 확장, 성장 지원.

그림 2.6.1 8가지 핵심 코칭 역량

출처: 한국코치협회(KCA) 코칭 역량 모델

위의 8가지 코칭 핵심 역량이 협상(전환적, 통합적)의 핵심 역량과도 유사함을 알 수 있다. 모든 역량에서 공동점을 발견할 수 있지만 그 중에서도 관계 구축, 적극 경청, 의식 확장 측면에서 살펴보면 다음과 같다.

먼저, 코칭의 핵심 역량 중 '관계 구축'은 협상에서도 매우 중요하다. 학자들의 연구를 근거로 들어보자.

-협상성과에 직접적인 영향을 미치고 있는 협상전략은 신뢰적 협동인 것으로 분석되고 있다.[51]

-Butler에 따르면 신뢰는 협상과정의 효율성, 최종합의의 가치를 높이는데 결정적인 역할이다. 신뢰는 협상 과정뿐만이 아니라 협상 이후에도 중요한 역할을 하는데 이는 협상 과정 중에 생긴 신뢰가 비즈니스 관계의 유지와 거래비용 감소에 중요한 역할을 하기 때문이다.[52]

코칭의 핵심 역량 중 '적극 경청' 또한 협상에서 매우 중요한 부분이다. 협상은 질문과 답변을 통해 이루어지는데 이 과정에서 상대방의 생각을 엿볼 수 있고 크고 작은 정보를 얻기도 한다. 따라서 상대의 말을 적극적으로 경청하는 것은 협상할 때 갖추어야 할 필수적인 태도다.

마지막으로 코칭의 핵심 역량 중 '의식 확장'은 전환적, 통합적 협상에서 매우 필요하다. 코칭의 뇌파 특성을 확인한 임창현, 심준영의 연구에 따르면 코칭의 GROW모델을 사용할 때 뇌의 전 영역에서 쎄타파가 높아진다고 한다. 쎄타파는 무의식적 자유연상, 창조적 아이디어 등을 제공하는 영역으로 알려져 있다.[53]

이렇게 코칭의 의식 확장은 전환적, 통합적 협상에 도움이 될 수 있을 것으로 보인다.

이렇듯 5가지 근거, 즉, 전환적 협상, 협상 진행의 커뮤니케이션 역량, 협상의 주관적 만족도, 협상가의 딜레마, 협상과 코칭의 핵심역량 연계성 측면에서 살펴볼 때 코칭 기반 협상이 협상에 도움이 될 것으로 보인다.

4. 협상의 구조분석 및 교훈

1) 협상의 구조분석

먼저, 이번 협상의 구조를 요약하면 표 2.6.1과 같다.

협상의 당사자는 방송사(A사)와 플랫폼(V사)이고 협상의 쟁점은 콘텐츠 공급 첫 계약이다. 입장은, A사의 경우 콘텐츠 공급 대가를 최대한 높은 조건으로 받는 것이고 V사는 콘텐츠 수급 대가를 최대한 낮은 조건으로 지불하는 것이다. 이해관계는, A사의 경우 콘텐츠 공급 첫 계약을 통한 윈도우 다각화 및 매출 증대, 그리고 장기적 파트너십 형성에 있다. 반면 V사는 A사의 콘텐츠 수급을 통해 서비스 범위를 확대(국내 주요 CP 콘텐츠 확보)하여 영향력을 발휘하는 것과 장기적 파트너십을 형성하는 것이다. 사용된 협상 기법은 감성 협상 및 코칭 기반 협상이며, 핵심 교훈은 협상에서 감정과 커뮤니케이션의 중요성이다.

표 2.6.1 감성 협상 및 코칭 기반 협상의 구조분석

항목	내용
제목	감성 협상 및 코칭 기반 협상 사례
협상당사자	- 방송사(A사) - 플랫폼(V사)
협상쟁점	- 콘텐츠 공급 첫 계약
입장	- A사: 콘텐츠 공급 대가를 최대한 높은 조건으로 받는 것 - V사: 콘텐츠 수급 대가를 최대한 낮은 조건으로 지불하는 것
이해관계	- A사: 콘텐츠 공급 첫 계약을 통한 윈도우 다각화 및 매출 증대, 장기적 파트너십 형성 - V사: A사의 콘텐츠 수급을 통해 서비스 범위 확대(국내 주요 CP 콘텐츠 확보), 영향력증가, 장기적 파트너십 형성
협상기법	감성 협상 및 코칭 기반 협상
핵심교훈	- 협상에서 감정과 커뮤니케이션의 중요성 및 해결 방안(감성 협상 및 코칭 기반 협상)

2) 협상의 교훈

작년 초 처음 코칭을 접한 이후로 계속해서 양가감정이 들었다. 지금껏 가져왔던 가치관과 코칭 철학이 일치함에서 오는 신기함과 가슴 떨림, 반면 '그게 한국 사회에서 효과가 있겠어?' 하는 의구심이었다. 아직도 기업에서 자리하고 있는 '까라면 까'의 연공서열적 조직 문화나 어려운 경제 환경 속에서 각자 도생하느라 주변을 둘러볼 여유가 없는 개개인들......

이들 사이에서 코칭을 펼쳤다가는 '현실과 동떨어진 이상주의자', '남들은 아등바등 사는데 왜 혼자 긍정 마인드냐' 하며 얄

미운 시선을 감내해야 할 수 있겠다는 생각이 들었다. 또한 비판적 시각을 지성으로 여기고 긍정 마인드는 한 수 아래로 보는 한국인의 특성 상 섣불리 코칭을 꺼내 펼쳤다가는 '씨알도 안 먹히겠다'는 불안감이 앞선 것이 사실이다.

하지만 코칭 자격을 위해 실습을 하면서 새록새록 효과를 느낄 수 있었다. 막상 실습을 시작하려 하면 이런 생각이 들기도 한다. '에고, 언제 30분을 다 채우지?' 놀라운 변화는 이때부터다. 점점 대화에 빠져들고 에너지가 올라가기 시작한다. 코칭이 끝날 무렵에는 해준 사람도, 받은 사람도, 모두 얼굴이 발그레하니 상기되어 있다. 코칭을 받을 때는 더욱 그렇다. 목표를 달성하고 싶다는 의욕이 어디서 나오는지 모르게 갑자기 샘솟는다. 실제로 코칭 실습을 받은 목표 중 일부를 실행에 옮기기도 했다.

이 뿐만이 아니다. 코칭을 자주 접하다보면 긍정적으로 변한다. 상대를 대하는 태도도 달라진다. 예전보다 질문을 더 많이 하고 상대의 의견을 묻는 경우가 많이 늘었다. 참, 코칭은 신기하다. 이것이 코칭의 힘이자 매력인가 보다. 쥐도 새도 모르게 사람을 야금야금 변화시킨다.

이처럼 쉽게 눈에 보이지는 않지만 사람들의 내면에 폭풍처럼 몰아치는 힘을 가진 코칭을 협상에서 사용하고 싶어졌다.

혹자는 의문을 제기할 지도 모른다. 과연 현실에서 실질적으로 통할 수 있을까? 물론 이해한다. 앞서 밝혔듯 필자 또한 확신을 가지는 데 시간이 걸렸었다. 하지만 협조게임에서 살펴보았듯이 사람은 상대의 의도를 반영하는 존재다. 따라서 우리가 코칭적 마인드셋과 커뮤니케이션 기술로 상대방을 전환적 혹은 통합적 협상으로 리드를 하면 좋을 것이다. 물론 상대방도 이러한 마인드셋과 기술을 갖췄다면 더할 나위 없을 것이다.

협상을 크게 통합적 협상 혹은 전환적 협상, 그리고 분배적 협상으로 나눌 수 있다면 이는 양단에 위치하는 것이 아니다. 하나의 스펙트럼 상에 놓인, 정도의 차이일 뿐이다. 또한 실제로 실전 협상에서는 뒤섞여 있는 경우도 많다. 따라서 협상을 할 때 코칭적 마인드셋과 커뮤니케이션 기술을 탑재하고 협상을 조금이라도 전환적 혹은 통합적 협상 쪽으로 이끌어 올 수 있다면 양쪽이 보다 만족할 수 있는 윈윈(win-win)의 결과를 가져올 수 있을 것이다. 물론 협상가가 반드시 '코치'여야 한다는 의미는 아니다. 협상 장면에서 실제 상대방을 '코칭'하라는 의미도 아니다. 협상에서 코칭적 마인드셋과 커뮤니케이션 방법을 적용하면 좋겠다는 뜻이다.

협상에서 감정과 커뮤니케이션의 중요성은 아무리 강조해도 지나치지 않다. 감성 협상 및 코칭 기반 협상이 협상의 중요한 패러다임으로 자리 잡기를 기대해본다.

[임차계약 협상]

사례 7. 유통사와 임대업자 간 임차계약 사례

1. 협상 배경

일반적인 회사가 본사 사무실을 임차할 경우 위치는 매우 중요하고 직원들과 고객 또는 파트너사와의 접근성을 고려하여 교통편, 안전성, 인프라, 주변 시설과 지역의 업무 환경을 중요하게 반영한다.

크기는 회사의 규모와 직원 수에 맞는 적절한 사무실을 선택하고 미래 외형확장 가능성도 보며 예산은 사무실 구매 또는 임대에 따른 예산을 설정하고 임대료, 유지 보수, 세금과 기타 비용으로 산정해야 한다. 임대 조건은 계약기간과 임대료 조정 사항을 주의 깊게 검토하고 지역 규제, 건축 허가와 환경 규제를 준수해야 한다.

사무실의 내부 구조와 디자인은 직원의 생산성과 편의성에 영향을 미치기 때문에 업무 프로세스와 회사 문화에 맞는 디자인을 고려하고 냉난방, 전기, 인터넷 연결, 주차 공간과 같은 필수 시설을 확인하고 회의실, 휴게실, 기타 편의 시설도 체크한다.

사무실의 보안은 중요한 요인 중 하나이고 출입 제어, 카메라 감시와 데이터 보호를 챙겨야 하고 인터넷쇼핑몰 경우 고객정보는 각별한 관리를 요한다.

또한 주변 환경, 인프라, 상업 지역과 주변 업체와의 관계, 그리고 회사의 장기적인 목표와 성장 전망을 고려하여 사무실을 선택해야 한다.

이러한 요소를 종합적으로 고려하여 회사의 요구사항에 가장 적합한 사무실을 선정하는 것이 중요하다.

e커머스 유통업을 주로 하는 D사는 종로에서 사업을 영위하다가 임대업을 하는 J사가 운영하는 을지로로 본사를 이전하였다. 을지로 이사 올 당시 사업이 본격화되면서 고정비를 줄이려는 계획도 있어 건물이 조금은 오래되었지만 교통편이 편하고 가성비가 있는 건물을 선택했다. 건물 외관을 보고 직원들의 불

만도 있었지만 내부 인테리어를 새롭게 해서 일정부분 만족도를 높였다.

D사는 그룹 내 계열사옥도 포함해서 사무실 이전에 대한 고민을 하고 있었는데 현 위치에서 재계약시에는 현재보다 임차 비용을 인하한 조건으로 계약하고 싶었다.

당시 을지로 사업장 일대에는 임대물이 많아 신규 임차계약을 맺을 때 1개월 이상 무료 임차(Rent Free) 조건을 내거는 경우가 많았다. 신규분양도 많았고 회사 자체적으로 사옥을 구축하기도 해서 임차 가능한 물건지가 많았기 때문이다.

J사의 해당 빌딩은 1969년 준공하여 오래되었지만 2006년 리모델링을 했고 한 개 층이 1천 평 이상으로 넓었으며 총 12개 층으로 구성되어 작은 규모는 아니었다. 또한 주변보다 경쟁력 있는 임차료 때문에 공실이 5% 이하로 임대 실적이 양호했다. 그리고 J사는 임차해 있는 회사 중에서도 인지도가 있는 D사가 비중이 큰 3개 층을 사용하고 있으니 지속적인 임차계약관계를 유지하고 싶어 했다.

한편 J사는 해당빌딩 외에 강원도 지역에 수목원을 구성 중이어서 최소 2년 동안은 현재 확보하고 있는 안정적인 임차 수익이 필요했다.

2. 협상 당사자와 쟁점

협상 시 당사자들의 쟁점을 확인하고 이해하는 것은 성공적인 협상의 핵심이다. 먼저 당사자의 요구사항을 이해하기 위해 상대방의 입장과 관점을 이해하는 것이 중요하다. 상대방이 어떤 결과를 원하고 왜 그런 요구사항을 가지고 있는지 파악해야 한다.

다양한 요구사항 중 어떤 문제가 협상의 핵심인지 식별하고 우선순위를 정하는 과정이 필요하다. 이를 확인하기 위해 질문이 중요하며 상대방과의 개방적이고 효과적인 의사소통을 유지하고 관찰과 제3자를 통한 충분한 정보를 수집하고 분석하여 협상에 도움이 될 수 있는 사실을 확보해야 한다.

상대방의 감정과 관점을 이해하려 노력하고 그들의 감정이 협상에 어떤 영향을 미치는지 이해하면 협상 전략을 조절할 수 있다. 상대방과의 협상이 성공적이지 않을 경우 쟁점 파악과 더불어 대안 검토를 통해 가능하고 다양한 대안을 고려하는 것이 필요하다.

양측의 공통 관심사를 찾는 노력도 하고 이를 토대로 양측이 협상 결과에 동의할 수 있는 점을 찾을 수 있다. 어떤 부분에서 어느 정도 타협할 수 있는지 결정하고 어떤 부분은 융통성을 보일 수 있고, 어떤 부분은 타협하지 않아야 하는지도 정할 수 있다.

미래를 고려하여 장기적인 결과를 고려하고 현재의 결정이 나중에 어떻게 영향을 미칠지도 생각해야 한다. 협상 전에 충분한 준비를 해서 협상 계획, 목표, 한계점, 타협 포인트 등을 정리해야 한다.

쟁점을 이해하고 신중하게 처리하는 것은 협상에서의 성공을 증가시킬 수 있으며, 양측 모두가 만족하는 합의를 이끌어내는 데 도움이 된다.

D사는 매출 외형은 크게 성장하는 반면에 이익 성장 폭이 크지 않아 고정비를 줄이려는 다각적인 필요가 재기되는 시점이었다. 그래서 임차물의 재계약 시 임차비 인하를 가장 중요한 우선순위로 정했다.

두 번째 우선순위로 회사 성장에 따른 직원과 외주 개발인력의 증가로 외부 방문객과 구별이 어렵고 출입카드키 사용 시 따라 들어오는 등의 문제가 제기되었다. 개인정보보호 이슈가 부각되는 시점이라 출입 인원을 제한할 수 있는 보안 게이트 설치가 필요했는데 이는 그룹차원에서의 권고사항이기도 했다. 게이트를 해당 층에 설치하면 자사비용으로 부담해야 해서 1층에 J사의 비용으로 설치하기를 제안했다.

J사는 수목원에 들어갈 자금을 안정적으로 확보하고자 장기계약을 우선으로 하되 D사의 외부로 이전은 어떻게든 막아서

지속적인 수익을 담보 받고자 했다. 이는 D사가 이전 시 기존 입주사들에게도 영향을 줄 수 있다고 생각했다. 특히 D사와 업무를 원활하게 처리하기 위해 입주한 여러 협력사들이 동반 이전이 될 수 있기 때문에 D사와의 연장계약은 꼭 필요한 부분이었다.

3. 협상 전략과 준비

D사 경영지원팀장은 J사 임대 팀장을 만나 10여 년간 임차하며 회사가 외형적으로 성장한 부분과 지하철역과 인접해 교통의 편리성 등 건물의 임차 이후 장점 부분과 함께 회사 운영상 이익이 예년과 달리 줄어 고정비의 절감이 절실하고 "그룹차원에서 계열사옥의 공실을 최소화하기 위해 외부 건물에 임차하고 있는 현황 조사를 하고 있다"는 현실적인 얘기를 꺼내면서 재계약의 애로사항을 언급해 볼 생각이었다. 또한 임원협의체에서 "각 부문별로 고정비를 줄일 수 있는 방안을 정해 보고하라"는 압박이 심한 내용도 은근히 알릴 준비를 하였다.

D사 경영지원팀장은 J사 임대팀장과 우호적인 관계는 유지하면서 무리가 되더라도 회사에 유리한 요구 사항을 관철하고 싶어 했다. 하지만 그동안 양사가 협조적인 관계였기 때문에 일

방적으로 D사에만 유리한 조건을 제안하기가 부담스러웠다. 이러한 경우 좋은 사람 나쁜 사람(Good Guy Bad Guy) 전술을 활용할 수 있다. 이 전술은 협상가 중 일부가 합리적이고 유연하며 타협하려는 "좋은 사람" 역할을 하는 반면, 다른 협상가는 공격적이고 융통성이 없으며 양보하기 싫어하는 "나쁜 사람" 역할을 하는 것이다. 결국 상대방이 '나쁜 사람'을 상대하지 않기 위해 '좋은 사람'에게 양보할 의사를 더 많이 가지게 된다.[54]

D사는 무료 임차 2개월을 염두에 두고 있고 이를 위해 우선 부동산 업체를 통해 주변 건물의 공실과 신규임차 할 때 무료 임차 등 조건을 확인하였다. 신규빌딩의 경우 입실 초기년도에 일회성으로 무료 임차 2~3개월을 제안하는 곳이 있었고 기존 빌딩은 무료 임차 1~2개월을 제안하는 경우가 많았다.

대형 임차 공간을 전문으로 임대차 부동산을 주선하는 회사가 시장에 많이 있는데 그동안 꾸준히 정보를 제공해주고 있는 K사를 통해 시장의 트랜드를 확인할 수 있었다.

주변 건물의 실태를 정리해 두고 보안게이트는 최근 신규 건물 경우 필수 설비로 구비되어 있었고 현 건물이 노후화되어 건물의 격을 높이기 위해 1층에 설치를 제안하고 협상 우위를 갖기 위해 양보할 수 있는 주차대수 추가 등 옵션을 다양하게 준비했다.

J사는 5년 장기계약을 희망하고 있었고 수목원 구축에 필요한 기간의 지출비용을 안정적으로 대비하고자 최소 2년 동안 계약은 필수 조건으로 이를 위해 전보다 빈번하게 D사를 방문하여 우호적인 관계를 돈독히 하고자 했다.

4. 협상 진행과정

협상 과정에서 중요한 것은 사전 준비한 내용을 바탕으로 목표와 수집된 정보를 활용하여 제안을 먼저 할지 우선 상대방의 얘기를 기다릴지 정해야 한다. 본인이 정보 면에서 우위에 있다면 첫 번째 제안을 제시하는 것이 유리할 수 있다. 그렇지 않다면 상대방의 첫 제안이 나올 동안 기다릴 필요가 있다.

개방적이고 효과적인 의사소통을 하며 감정을 통제하고 상대방을 이해하려는 마음가짐이 중요하다. 공동 관심사를 탐색하고 타협점 식별이 필요한데 사전 준비한 내용과 다를 경우 신속한 판단과 대처를 해야 하고 현장 상황에 따라 전술과 대안의 변경도 검토해야 한다.

협상에는 시간제한이 있을 수 있으므로 시간을 효과적으로 관리하고 중요한 것은 특정 상황과 상대방에 따라 다를 수 있지만, 이러한 기본 원칙을 따르면 협상 과정을 더 효과적으로 관리하고 성공적으로 마무리할 수 있다.

　D사는 안건을 협의할 때 앞으로 우호적인 관계를 지속해야 하는 경영지원팀장을 좋은 사람으로 임원협의체를 나쁜 사람으로 정했다.
　D사 경영지원팀장은 J사 임대 팀장을 만나 10여 년간 임차하며 회사가 외형적으로 성장한 부분과 지하철역과 인접해 교통의 편리성 등 건물에 임차 이후 장점을 칭찬해주었다. 하지만 회사 운영상 이익이 예년과 달리 줄어 고정비의 절감이 절실하고 그룹차원에서 공실 최소화 노력으로 D사의 외부 계열사로 이전 필요성과 임원협의체에서 고정비를 줄이려는 압박이 심한 내용도 공유했다.
　D사는 시장 조사를 기반으로 목표보다 높은 매년 무료 임차 3개월을 정박(anchoring)으로 제안했고, J사는 무료 임차는 신규계약 초기 년도만 1회에 한해 반영하지만 장기계약을 한다면 일정 범위의 무료 임차를 고려하겠다는 입장이었다.
　협상 중에 미끼전술 차원에서 제기한 주차대수 추가 요청 분은 철회하고 우선순위에 따라 무료 임차 기간과 보안게이트 설치에 중점을 두고 협상을 진행했다.

5. 협상 결과와 합의사항

결과적으로 협상을 통해 양사는 5년간 장기계약을 하되 2년 후에는 D사가 중도해지권을 사용할 수 있도록 했고 무료 임차 2개월을 매년 단위로 적용하기로 했다. 이로써 D사는 연간 약 16% 임차료 절감효과를 볼 수 있었고 J사는 필요한 최소 2년은 장기계약을 통해 안정적인 임차 수익을 담보할 수 있고 기간 내 특이사항이 없다면 5년간 계약을 유지할 수 있었다. D사도 장기계약을 통해 그룹 계열사옥으로 이전하지 않아도 되는 명분을 쌓았다. D사가 후보군인 그룹 계열사옥인 W사로 이전하면 공실이 해소되어 그룹전체적으로는 이익이 될 수 있었다. 하지만 D사 입장에서 W사로 이전할 때 기존 W사 건물 입주사 대비 임차비를 낮추는 혜택을 받으면 그룹사 부당지원 이슈가 있어 동일한 조건으로 입주해야 하는 조건이었다. 그렇게 되면 현재보다 고정비가 인상되어 영업이익에 마이너스 효과가 있었다.

보안게이트는 1층에 J사 주관으로 설치하기로 했고 다른 입주사들에게도 출입카드를 배포했다. 이 출입카드는 D사가 현재 사용하고 있는 카드와 같은 카드여서 이중 투자를 막고 마케팅의 일환으로 식당과 카페 등 주변 상가와 연계해 직원 할인의 수단으로 활용되기도 했다. 출입카드를 제시하면 업종에 따라 원가격 대비 10~20%이 할인이 적용되었다.

또한 니블링 전술로 계약을 마무리 하면서 사무실 내 도색과 계단의 에너지 표시를 통해 건물의 가치를 높이자고 제안을 해서 환경개선에 필요한 2천만 원의 일시적 비용을 지원 받았다.

협상 결과와 합의 사항을 도출한 시점에는 문서화하여 상대방과 이메일 등을 통해 공유하여 상호 이해한 내용을 확실히 해서 불일치 요인을 최소화하고 나중에 혼란을 방지할 수 있다.

6. 협상 특징과 교훈

1) 비즈협상의 구조분석

이상에서 소개한 유통사와 임대업자 간 임차계약 사례를 알기 쉽게 구조를 분석한 내용을 정리하면 표 2.7.1과 같다. 직접 협상당사자는 D사와 J사의 해당 팀장들이고 핵심쟁점은 D사의 본사 임차비용을 낮추기 위해 무료임차 개월 수 등을 정하는 J사와의 협상이다. 입장은 D사는 본사 임차비용을 낮추고자 무료임차 기간을 요구하고 J사는 장기계약을 한다면 일정부분을 고려해 볼 수 있다는 것이다. 이 협상에서 사용된 중요한 두 가지 협상기법 중 하나는 좋은 사람 나쁜 사람 전술로 D사는 경영지원팀장을 좋은 사람으로 임원협의체를 나쁜 사람으로 역할하게 하는 기법을 사용하고 J사는 장기계약 전제로 단계적 수용

표 2.7.1 임차계약 협상의 구조분석

항목	내용
협상당사자 (직접)	-유통업 D사 경영지원팀장 -임대업 J사 임대팀장
협상당사자 (간접)	-유통업 D사 대표 -임대업 J사 대표
협상쟁점	-무료 임차 개월수 -장기계약 여부 -보안게이트 설치
입장	-유통업 D사 무료 임차 3개월 보안게이트 무상 설치 -임대업 J사 5년 장기계약(최소 2년)
이해관계	-유통업 D사 무료 임차 2개월 확보로 고정비 절감 -임대업 J사 수목원 구축비용 마련 위해 최소 2년 임차계약 유지
협상기법	-D사는 경영지원팀장을 좋은 사람으로 임원협의체를 나쁜 사람으로 역할하는 기법 사용 -J사는 장기계약 전제로 단계적 수용 -정박(anchoring) 효과로 D사가 매년 무료 임차 2개월의 희망목표보다 높은 매년 무료 임차 3개월을 정박으로 제안
조력자 조정중재인	-D사 임원협의체
핵심교훈	-좋은 사람 나쁜 사람(Good Guy Bad Guy) 전술 활용으로 욕구를 정확히 표출하되 좋은 관계는 유지 -상대방의 결정에 영향을 끼치기 위해 초기 제안 가격 또는 정보를 제시하여 상대방의 판단을 좌우하려는 정박(anchoring) 효과 활용

을 시도하였다. 정박(anchoring) 효과로 D사가 매년 무료 임차 2개월의 희망목표보다 높은 매년 무료 임차 3개월을 정박효과로 제안한 것이다.

2) 사례의 교훈

본 협상에서 주로 사용한 협상은 좋은 사람 나쁜 사람(Good Guy Bad Guy) 전술이다. 이는 "갑"하고 협상할 때 "을"이 활용하면 효과가 있다. 예를 들어 대기업 "갑"에 부품을 납품하는 "을"경우 "납품가를 20% 인하해 달라"는 갑작스런 요구에 대해 "을" 담당자는 좋은 사람 역할로 "귀사가 요청한 단가로 인하해 주고 싶은 마음입니다."라고 전하면서 동시에 나쁜 사람 역할로 투명경영협의체를 등장시켜 "회사 내 이 단체에서 반대가 심하며 협의체의 결정을 이끌어 내지 못하면 내부 결재를 득할 수 없습니다."고 전달하는 방식이다. 회사 내 여건상 이느 정도 인하 가능할 경우 "만약 10% 인하라면 다시 한번 협의체를 설득해 보겠습니다."고 하고 입장 변화가 있다면 재시도해 보면 된다.

또 하나의 예로 장기적인 계획으로 투자를 하게 하고 "갑"이 일방적으로 계약종료를 통보할 때 "을" 담당자는 "당사 법무팀에서 귀사로 내용증명을 보내려 하는데 이 내용이 접수되면 갑 담당자가 곤란해 질 것 같아 사전에 관련 내용을 먼저 가져왔습니다. 법무팀장은 외고집이라 끝까지 가는 성품입니다."고 알려

주어 정보를 제공하는 같은 입장의 좋은 사람 역할을 하고 나쁜 사람 역할로 당사 법무팀을 들어 소송에 대한 리스크를 전달해서 극단적인 방법으로 치닫기 전 다른 차선책을 갑 담당자가 스스로 모색하게 해 주는 것들을 들 수 있다.

일회성 거래가 아니라면 담당자는 계속 상대방과 관계를 유지해야 하는데 반대자의 입장에 서 있는 것보다 임의의 나쁜 사람을 만들고 상대방과 같은 편의 입장에서 방안을 모색하는 구도를 만들면 설령 이번 거래가 잘 이루어지지 않더라도 다음 거래를 우호적 관계를 유지할 수 있다는 장점이 있다.

이 때 나쁜 사람은 영업부문장, 또는 대표이사처럼 개인이 아니라 마케팅위원회, 생산 TFT 협의체 등 단체로 구성하는 것이 유리하다. 개인으로 할 때 상대방이 인맥을 통해 그 당사자에게 직접 연락해서 해결해 보려 할 수 있기 때문이다.

위와 같이 설득 대상이 단체일 경우에는 상대방도 쉽게 접근하기 어려워 협상파트너를 여전히 좋은 사람으로 인정하여 의존하게 될 가능성이 커지고 나쁜 사람은 전면에 나설 필요가 없는 경우도 많아 필요 시 가상의 존재를 정하기도 한다.

또 하나의 교훈은 정박(anchoring) 효과로 D사가 매년 무료 임차 2개월의 희망목표보다 높은 매년 무료 임차 3개월을 정박으로 제안했는데 이는 협상의 기준점을 설정함으로써 이후 협상 과정의 우위를 점하는 기법이다.

정박효과란 상대방의 결정에 영향을 끼치기 위해 초기 제안 가격 또는 정보를 제시하여 상대방의 판단을 좌우하려는 것으로 주로 정박은 가격 협상 시에 활용되며 시작 가격을 설정하여 상대방의 인식을 형성할 수 있고 높은 시작 가격을 제시하면, 상대방은 그 틀의 범위에서 움직이게 되는 효과를 만들어 낸다. [55]

일상에서의 활용 예로는 중고차 매매시장에서 "이 자동차의 가격은 2천 3백만 원입니다. 주행거리가 4만KM로 짧고 최근에 가죽시트와 타이어도 교체해서 그 만한 가치가 있습니다." 라는 제안이다. 또 부동산 거래 시 "이 아파트의 매매가는 15억 4천만 원입니다. 남향이고 거실 인테리어를 했고 싱크대가 새 것이며 아파트 단지의 위치는 지하철과 도보로 5분이고 학군이 좋고 전망이 한강을 향하고 있어서 그 정도 가격은 충분히 됩니다." 라는 제안도 그 예이다. 말하자면 최초 가격을 제안하고 나름 인식되는 장점을 언급하며 제시한 가격의 적절한 근거를 제시하는 방법이 정박효과이다.

최초 제안가격은 가장 큰 단위인 15억 원이나 2천만 원으로 제안하기보다는 한 단계 더 적용해서 15억 4천만 원이나 2천 3백만 원으로 제안하면 정확한 금액으로 인식되기도 하고 추후 양보를 할 경우 작은 단위의 양보로 연결할 수 있다.

정박은 주의를 기울여 사용해야 한다. 통상 협상 이슈에 대한 정보가 많은 사람이 정박을 활용하며 너무 과도하게 사용하면 상대방과의 관계를 손상시키거나 협상을 그르칠 수 있으므로 조심해야 한다. 협상 상황과 상대방의 특성에 맞추어 적절한 수준을 선택하는 것이 중요하다.

추가로 협상 이전에 사전준비는 아무리 강조해도 부족하지 않은데 상대방의 니즈와 영역을 고려하는 것이 중요하다.

상기 표 2.7.1이 유통사와 임대업자 간 임차계약 이후에 사례를 알기 쉽게 구조를 분석한 내용이라면 표 2.7.2는 협상 이전에 양측을 고려하고 사전준비를 하며 작성한 협상준비(NPT, Negotiation Preparation Table) 자료이다. 정리 항목은 요구(Position)와 욕구(Interest), 숨은 욕구(Hidden Interest), 창조적 옵션(Creative Option), 객관적 기준(Standard), 그리고 결렬 시 최선의 대안(BATNA)으로 본인과 상대방의 경우로 구분하여 작성하고 협상 시 질문과 관찰을 통해 수정 보완하고 이를 반영한 협상안을 제시해 성공적인 협상을 도모할 수 있다.

부록 2.7.1 협상 준비
(NPT, Negotiation Preparation Table)

표 2.7.2 협상 준비(NPT, Negotiation Preparation Table)

구분	유통사(D사)	임대업(J사)
안건 (Agenda)	계약기간과 Rent free 등 임차조건 결정	
요구 (Position)	재계약 시 Rent free 3개월 요청	재계약 시 Rent free 1개월
욕구 (Interest)	당사수익 확보 사용환경 개선	당사와 지속계약 필요 안정적 임차수익(공실 최소화)
창조적 옵션 (Creative Option)	상대 요구 장기 5년 계약을 수용 + 2년 후 중도해지권 요청 Rent free 2개월 반영 + 사무실 환경비용 지원 그룹 진행하는 TFT를 당사건물에서 진행하여 추가 공간 임차	
숨은욕구 (Hidden Interest)	대표이사의 인정 보안게이트 설치	최소 2년까지는 자금이 안정적 확보 타 계열사 추가 입주
객관적 기준 (Standard)	외부 건물에서 이전 시 제시한 조건	건물내 임차관리비 운영현황
최선의 대안 (BATNA)	이전(계열사 or 별도 건물)	타사 임대

주: IGM(세계경영연구원) "협상의 10계명" 모델 활용

협상 준비를 익히는데 골프 이야기가 도움 될 수도 있다. 골프를 배우기 위해 유투브나 책을 통해 정보를 얻지만 한계가 있

다. 책을 보면 관련해서 지식은 늘겠지만, 책만 본 사람은 실전으로 필드에 나가면 느낀 대로 되진 않아 실력을 키울 수 없다. 얻은 지식을 인도어나 파3 코스에서 직접 연습을 해 봐야 본인 실력으로 쌓인다. 마찬가지로 여기에 제시한 협상준비표도 본인의 사례에 맞게 직접 작성하고 협상을 해봐야 본인 것이 된다. 책을 통해 느낀 협상의 지식을 단순히 정보로 두지 말고 직접 행동하고 실천하면서 스스로 본인만의 스타일을 만들어 일상에서 각각의 상황에 맞게 활용할 수 있어야 협상의 고수가 될 수 있다.

[유통물류비 협상]

사례 8.

유통사와 물류사 간 물류비 협상 사례

1. 협상 배경

본 협상은 물류비 협상으로 주요 직접 당사자는 e커머스 유통을 하는 D사와 D사의 물류를 대행해 주는 L사이고 그 외 간섭 낭사자는 D사의 제휴 채널 일부의 물류와 택배를 대행해 주는 C사와 L사에 박스를 납품하는 A사이다.

외부시장에서 e커머스 출신 대표가 D사로 영입되어 성장 주도적인 온라인 시장에서 변화를 도모하기 위해 제안한 방식은 핵심결과지표(Objectives and Key Results, OKR) 이다.
  핵심결과지표 방식에서 Objective는 '이루고자 하는 목적'을 의미하며 구성원 동기 부여를 위해 영감을 주고 수치보다는 정성적 문구로 종종 표현되기도 한다. Key Results는 '목적을 이루기 위해 얻어야하는 결과들'로 Objective를 측정하게 해주면서 그 의미를 더 구체적으로 정의해주는 역할을 하기 때문에 수치로 표현되어 측정할 수 있고 관리가 가능하다.

종종 OKR과 KPI를 혼동하는데 OKR은 목적지를 안내하는 내비게이션에, KPI는 운전 상태를 체크할 수 있는 계기판에 비유하고 있다. 따라서 OKR은 조직이 도달하고자 하는 목적(Objective)이 존재하는 반면, KPI는 조직이 유지되기 위해 관리되어야 하는 지표와 목표 수치로 구성되어 있다. 즉, OKR과 KPI는 상호보완적 관계로 볼 수 있다. [56]

물류팀 K팀장은 이 OKR 방식으로 변화의 필요성을 팀원들에게 제안하고 공감을 얻어 도전적인 목표로 전환을 결정하였다.

OKR은 상황에 따라 목표의 변경이 가능하므로 도전적인 목표를 수립하는데 일반적으로 10% 이내 성과의 개선은 현 프로세스 내에서 변경이 되지만 10% 초과하는 개선은 기존 판을 바꿔야 가능하다.

D사 물류팀장 K는 큰 틀에 맞춰 야심차고 도전적인 목표를 수립할 필요성을 느끼고 현재 계열사인 L사에 물류위탁을 주고 있는 방식을 바꿀 계획을 세웠다. 그런데 K팀장은 프로세스

내에서의 변화로는 한계가 있다는 것을 확인하고 경쟁을 통해 물류위탁사를 재선정하기로 하였다. 마침 사회적으로 상생이란 단어가 부각되는 시점이어서 대형물류사와 중소물류사에게 동일한 기회를 제공하는 점도 좋은 명분이 되었다.

D사는 주로 백화점 상품을 판매하는데 고객의 온라인 주문에 대해 매장의 상품을 센터로 이동해 포장을 한 후 고객에게 배송하는 통과형센터와 일부 직매입하여 고객에게 배송하는 별도 보관형센터를 운영하고 있다. 통과형센터는 재고를 보유하지 않고 단지 포장만하여 고객에게 배송하는 센터로서 현재 수도권과 지방권의 2곳에서 운영되고 있다. 보관형센터는 직접 재고를 보유하면서 배송하는 센터로서 1곳에서 운영된다. 우선은 규모가 상대적으로 큰 통과형센터의 물류위탁사 변경을 목표로 정했다.

2. 협상 당사자와 쟁점

D사 물류팀은 L사에게 획기적인 절감액이 필요하여 백화점 상품을 대응하고 있는 통과형센터의 입찰을 통해 다음해 물류위탁사를 선정하고자 했다. 통과형센터 중에서도 규모가 큰 수도권 센터를 우선순위로 하되 지방권과 통합해서 입찰 계획을

수립했다. 두 회사는 동일 그룹 내 소속되어 있어 타사 대비 절감액이 작은 차이가 아닌 획기적인 차이를 만들어야 절감액 목표가 가능한 조건이었다. 중소물류사도 물류비 절감 계획에 포함했다.

한편 L사 영업팀은 회사가 상장을 앞두고 있어 외형매출과 더불어 안정적 이익이 필요한 상황에서 특히 D사의 계열사 물류를 외부 물류사가 운영한다는 점을 경영진들이 민감하게 생각하고 있다. 그래서 L사 영업팀은 D사와의 지속적인 계약을 위한 적극적인 입장을 가지고 있다.

이렇듯 당사자들의 이해관계를 살펴보면 D사는 전년대비 파격적인 절감액이 필요했고 L사는 지속적인 관계를 원했다.

3. 협상 전략과 준비

D사는 OKR 도입에 따라 공격적 목표를 수행하고자 통과형 센터의 도급사인 L사 마진 배제와 더불어 도급사 직거래 운영을 하기로 하고 효과분석을 실시하였다. 이를 통해 D사는 도급사 직거래의 가능성을 구체화하고 내재화로 팀 내부역량을 강화하고 2023년 물류비의 연간 15억원 절감을 목표로 정했다.

OKR은 전사 관점과 잘 결합되어야 하므로 D사 물류팀은 내부회의를 통해 이 단계에서 과제의 방향성을 변경하였다. 즉, 도급사 변경에 따른 생산성 저하를 염려해 먼저 안정적 운영을 담보하는 L사를 변경하기 전에 현행 프로세스 개선을 통한 절감 방안을 시도해보고 난 다음 도급사 변경은 단계별로 접근하자는 방향으로 의견이 모아졌다.

이러한 방향성 설정에 따라 L사를 유지하면서 프로세스 개선을 통한 절감액 도출을 위해 첫째, 수수료 부분 제외를 안건으로 채택해서 L사가 물류비 전체의 3% 수수료를 받고 있는 부분에서 수수료율을 하향 조정하거나 산정모수를 줄여 절감액을 도출해 보려고 추진하였다.

둘째, 부자재 내재화로 L사가 부자재 제조사인 A사의 제품을 받아 수수료를 받는 구조에서 다음과 같이 D사가 A사와 직접 계약하는 구조를 생각하였다.

A사와 직거래: A사 → (L사) → D사

셋째, 별도로 운영되는 C사의 제휴건수를 물류통합건수에 포함하여 산정해 볼 것을 제안하였다. 제휴사 물류 통합을 염두에 두고 대상을 물색하여 내년 초 계약기간이 만료되는 C사 택배사를 L사로 변경하는 것이다. 이렇게 해서 기존 물동량과 합해 전체 물동량이 커지면 건당 단가가 감소하는 구조인 슬라이딩단가를 활용하여 절감이 가능하다는 것을 확인하였다.

넷째, 보관형 센터의 물류위탁사도 L사가 운영하고 있었기 때문에 최초 계획된 통과형 센터의 절감액 부족분은 보관형 센터 개선으로 확보하는 부분도 협상 어젠더에 포함하였다. 보관형 센터는 임차비 등 고정비용을 변동비화 할 수 있는 풀필먼트 센터로 이전과 계열사 중 M사 보관형 센터의 여유공간을 활용하는 안을 비교 검토하여 반영하기로 했다.

여기서 풀필먼트 센터(Fulfillment Center)는 최종 사용자에게 제품이나 서비스를 정확하게 전달하고 고객 만족을 유지하는 데 중점을 둔 공급망 내 핵심 시설이다. 통상 풀필먼트 센터가 기존 보관형 센터와의 차별점은 센터 내 운영비용을 고정방식이 아닌 사용분에 대해서만 지급하는 것이다. 예를 들어 1천 평 공간을 계약하더라도 운영물량이 700평만 사용하면 이에 상당하는 보관료와 입출고 작업비 형태로 운영비용을 산정하여 변동성을 강화할 수 있다.

4. 협상 진행과정

1) 공동과제 선정

사전 계획한대로 D사는 내부회의 결과를 공개하지 않고 L사와의 첫 협상을 시작하였다. D사는 벼랑끝 전술로 현재 운영 프로세스에서 의미 있는 절감액을 도출하지 못하면 L사를 배제하고 직접 운영해야 할 상황을 설명하고 목표한 비용개선 절감액 달성을 양사 공동과제로 정했다. 또한 D사는 먼저 협상의 기준점을 설정하는 정박(anchoring)효과로 목표보다 높은 전년대비 17억원 절감액이 필요함을 제안했다.

L사가 부분 절감액을 제안할 때에는 D사는 좋은 사람 나쁜 사람(Good Guy Bad Guy)을 사용하기로 결정하였다. 그룹본사에서 경영실적 개선의 압박이 심한 상황에서 D사는 자사 경영전략팀을 나쁜 사람 역할을 부여해 예산 범위 내가 아니면 예산반영을 하지 않아 부득이 절감방안을 수립해야 계약을 체결할 수 있음을 설명하였다. 이와 동시에 D사의 협상팀인 물류팀은 좋은 사람 역할을 자청하며 L사의 사정을 이해하고 있으니 같이 방법을 모색하자며 추진하였다.

2) 프로세스 내 절감

L사의 수수료 부분 제외는 안건 쪼개기를 통해 대처하기로 하였다. 물류비 전체에 대한 3% 수수료를 항목 재조정을 통해 직접 관리영역의 항목에 대해서만 3% 적용하는 것으로 변경하여 연간 1.5억 원을 절감하였다.

부자재 내재화는 3자간 미팅을 통해 제안하였다. 즉, 부자재 중 비중이 가장 큰 배송박스에 대해 L사가 부자재 제조사인 A사의 제품을 받아 수수료를 받는 구조에서 D사가 A사로부터 직접 납품 받는 구조로 변경하는 방안이다. 이에 대해 A사는 L사와의 관계를 고려하여 D사가 절감하고자 하는 수수료 금액을 원가에서 제외해 주기로 결정함으로써 D사는 연간 4억 원을 절감하였다.

D사가 A사와의 직거래는 L사의 통합구매 규모에 의한 단가의 혜택도 배제되어 실이익이 적었기 때문에 기존 구조인 L사를 중간단계로 유지하며 납품단가만 인하하게 된 협상 결과는 D사에게도 나쁘지 않았다.

C사 제휴건은 규모의 경제를 들어 설명하면서 양해를 구하였다. 계약이 종료되는 시점에 C사 택배사를 L사로 변경하여 기존 물동량과 합해 슬라이딩 단가를 적용하기로 했고 이를 통해 연간 3.4억 원 절감이 예상되었다.

한편 L사는 타 센터인 보관형물류를 옵션으로 포함하지 말고 최초 계획된 통과형센터 절감액으로 끝내자고 제안하였다. 이에 대해 D사는 제한된 권한 전략으로 대응하였다. 즉, 절감 목표액의 부족분을 채우지 못하면 당초 목표 달성이 어려워 CEO 보고 자체가 어렵고 이것은 팀 자체 결정사항도 아님을 설명하고 보관형센터 개선 부분도 협상 어젠더에 포함하였다.

임차비 등 고정비용을 변동비화 할 수 있는 풀필먼트센터로의 이전은 작업비 절감으로 연간 4억 원 절감이 추정되었다. 한편 계열사인 M사 보관형센터 여유공간 활용하며 O사의 직접 운영으로 위탁사를 변경하는 안이 더 우위에 있는 옵션으로 연간 7.1억 원을 절감하는 효과를 만들어 내었다.

또한 무송장 택배 기기를 투자하는 부분을 협상 말미에 별도로 요청하였다. 이는 L사가 상장을 준비하며 친환경경영 기업으로 인정받기를 희망하는 숨은 욕구를 자극하여 니블링 전략으로 성취하였다. D사는 합의가 도출될 즈음 ESG 경영 차원에서 국내최초로 박스 운송장을 부착하지 않고 인쇄하는 방식을 제안했고 결과적으로 L사는 기기 구입에 필요한 1억원 투자를 수용하였다.

5. 협상 결과와 합의사항

본 협상을 통해 목표한 연간 15억 원 절감액을 초과 달성하여 연간 16억 원을 절감하였다.

1) 통과형 센터 물류운영 효율화(절감액 연간 8.9억 원)

L사수수료 부분 제외(연간 1.5억 원)와 부자내 내재화(연간 4억 원) 그리고 C사 제휴 물류통합(연간 3.4억 원)을 통해 연간 8.9억 원을 절감하였다.

2) 보관형 센터 이전(절감액 연간 7.1억 원)

보관형센터 이전 효과(절감액 연간 5.6억 원)와 더불어 O사 직접 운영 변경(절감액 연간 1.5억 원)을 통해 연간 7.1억 원을 절감하였다.

3) 추가 합의사항

국내최초 박스 운송장을 인쇄하는 무운송장 택배 운영 기기 구입에 필요한 L사 1억 원 투자를 약속 받았다.

6. 협상 특징과 교훈

1) 물류비 협상의 구조분석

이상에서 소개한 유통사와 물류사의 물류비 협상 사례를 알기 쉽게 구조를 분석한 내용을 정리하면 표 2.8.1이다.

직접 협상당사자는 D사와 L사의 해당팀장들이고 핵심쟁점은 L사가 운영하는 D사 센터의 물류비 절감이다. 입장을 보면 D사는 물류비 절감을 위해 L사를 배제하고 신규 물류사 전환까지도 고려하고 있고 L사는 상장을 앞두고 있어 외형매출과 더

표 2.8.1 물류비 협상의 구조분석

항목	내용
협상당사자 (직접)	- 유통업 D사 물류팀장 - 물류업 L사 영업팀장
협상당사자 (간접)	- D사의 택배 대행하는 C사 - L사에 박스 납품하는 A사
협상쟁점	- L사 수수료 부분 제외 - 부자내 내재화 - C사 제휴건수 물류통합 - 타센터 옵션 포함

입장	- 유통업 D사
	  물류비 대폭 인하
	- 물류업 L사
	  계약 장기간 유지

이해관계	- 유통업 D사
	  의미 있는 절감액을 도출하지 못하면 D사가 L사를 배제하고 직운영
	- 물류업 L사
	  상장을 앞두고 있어 외형매출과 더불어 안정적 이익을 필요

협상기법	- 부자재 절감시 협상 주대상인 D사와 L사가 힘을 모아 납품사인 A사를 대상으로 할인을 이끌어 낸 창조적 대안 전략 - 절감액을 도출하지 못하면 D사가 L사를 배제하고 직운영한다는 벼랑끝 전술
조력자 조정중재인	- 대형 부동산 공인중개사

불어 안정적 이익을 필요로 한다. 이 협상에서 사용된 중요한 두 가지 협상기법 중 하나는 창조적 옵션 전략으로 부자재 절감 시 협상 주요 대상인 D사와 L사가 힘을 모아 납품사인 A사를 대상으로 할인을 이끌어 낸 것이다. 또 하나는 절감액을 도출하지 못하면 D사가 L사를 배제하고 직접 운영한다는 벼랑끝 전술이다.

2) 사례의 교훈

본 협상에서 주로 사용한 협상은 창조적 옵션(Creative Option)으로 상호 이익이 되는 합의에 이르도록 도와주는 귀중한 전략이다.

특히 부자재 절감 시 협상 주요 당사자인 D사와 L사가 힘을 모아 납품사인 A사를 대상으로 할인을 이끌어 내도록 전략을 수립하고 원하는 절감액을 도출해 내었다. 이 전략은 창조적 옵션으로 양사의 금전적인 손해 없이 이해관계자의 협력을 이끌어낸 점에서 윈윈협상에 기여하였다.

통과형센터의 절감액을 모색하다가 동일회사에서 운영하고 있는 보관형센터도 협상대상에 포함해서 옵션을 다양하게 한 경우도 창조적 옵션을 만들어가는 과정이 될 수 있다.

열린 마음으로 다양한 선택과 관점을 기꺼이 탐구하고 너무 일찍 고정된 위치에 갇히는 것을 피하며 기존의 해결책에 자신을 제한하지 말고 문제를 해결할 수 있는 참신한 아이디어와 기술 또는 접근 방식에 유연해야 한다.

개별적으로 또는 상대방과 함께 브레인스토밍을 장려해서 한두 요인으로 쉽게 단정해서 판단하지 않고 가능한 한 많은 아이디어를 만들어 놓으면 예상치 못한 해결책으로 이어질 수 있다. 아이디어 창출은 각자의 관점을 바꾸고 다양한 각도에서 그 문제를 살펴보면 상대방의 필요와 제약을 이해할 수 있고 양 당사자의 이익을 다루는 선택사항들을 파악하는 데 도움을 줄 수 있다.

창조적 옵션을 만들기 위해서는 협상 상호간의 표면적인 요구(demand, position)와 더불어 내재되어 있는 욕구(needs, interest)와 숨은 욕구에 좀 더 관심을 기울여야 하는데 요구는 무엇(what)에 대한 것이라면 욕구는 왜(why)라는 질문을 통해 알 수 있다.

상호간의 욕구를 존중하고 협상 이후에도 신뢰할 수 있는 관계로 발전할 수 있도록 준비와 실전에 만전을 기해야 한다.

본 사례에서 주요 직접 협상처인 L사도 결과적으로 양보를 했지만 공동과제로 인식하여 해결한 부분과 최초 요구인 D사와의 지속적인 관계를 돈독히 유지하게 되어 만족한 협상으로 인식하였다. 즉, 창조적 옵션으로 서로가 가장 중요하게 여기는

D사는 물류비를 절감했고 L사는 장기거래의 토대를 만들었다.

비즈니스 협상 시 양 당사자 간 표면화된 요구에 그치지 않고 욕구를 만족할 수 있는 창조적 옵션을 만들어 win-win 협상을 추구하는 것이 바람직하다.

부록 2.8.1 창조적 옵션 개발과 활용 방법

1) 요구와 욕구

요구는 협상 중에 당사자가 명시적으로 언급하는 것으로 종종 당사자가 선호하는 구체적인 해결책, 결과 또는 입장을 나타내고 협상의 가장 눈에 띄고 쉽게 식별할 수 있지만, 관련 당사자들의 근본적인 동기를 항상 드러내지는 않을 수도 있다. 예를 들어, 연봉 협상에서 구직자의 직급 요구는 그들이 원하는 특정한 연봉 수치일 수 있다.

욕구는 협상에서 당사자의 입장을 움직이는 근본적인 필요, 관심 또는 동기이며 요구를 해결할 수 있는 보다 근본적이고 광범위한 잠재적 솔루션을 포함할 수 있다. 모든 당사자의 이해관계를 이해하고 해결하는 것이 보다 창의적이고 상호 이익이 되는 해결책으로 이어질 수 있다. 연봉 협상 사례에서 취업 지원자의 관심사는 재정적 안정성, 경력 성장, 일과 삶의 균형을 포함할 수 있다.

요구와 욕구를 구분할 때 많이 인용하는 사례는 편의점에 방문한 고객이 "콜라를 달라."고 하면 이는 요구에 해당하고 "왜 콜라를 달라고 하는지?"의 질문에 "목이 마르다." 또는 "탄산음료가 마시고 싶다."에 해당하는 부분이 욕구이다. 편의점에 콜라가 없을 경우 욕구를 기반으로 목이 마를 때 이온음료를 권하고 탄산음료를 원할 때 사이다를 권해 욕구를 해소할 수 있는 방안을 제시할 수 있다.

2) 숨은 욕구

숨은 욕구는 협상 중에 당사자가 공개적으로 표현할 수 없는 근본적인 필요나 우려이며 협상의 결과에 상당한 영향을 미칠 수 있으며, 종종 즉각적으로 나타나지 않는다.

구매단가 협상 시 이 협상을 잘 마무리해 승진의 계기로 삼고자 하거나, 상사의 칭찬을 받고 싶은 부분이 숨은 욕구에 해당할 수 있어서 숙련된 협상가는 개방적인 질문을 하고 적극적으로 경청하며 상대방과 공감대를 형성함으로써 숨은 욕구를 발견하는 것을 목표로 한다.

예를 들어, 구직자는 개인적인 사정으로 인해 고용 안정성에 대한 숨은 욕구가 있을 수 있지만, 이를 협상에서 처음에 밝히지 않을 수 있다.

효과적인 협상은 모든 당사자들의 근본적인 욕구와 가능하다면 숨은 욕구를 탐색하고 해결하기 위한 요구를 넘어서는 것을 수반하며 그렇게 함으로써 협상가들은 표현한 요구를 더 잘 만족시키고 상생의 결과를 만들어 낼 수 있는 해결책을 찾을 수 있다.

3) 창조적 옵션

숨은 욕구를 확인한 후 상대방과의 교섭이 막혔거나 갈등이 심각한 경우 창조적 옵션을 제시하여 협상을 다시 움직이게 할 수 있다. 창조적 옵션은 교섭 과정에 새로운 관점을 가져와 긍정적인 방향으로 이끌 수 있으며 협상이 교착 상태에 이르면 다른 각도에서 문제를 재검토하거나 새로운 요소를 도입하여 시도해 볼 수 있다. 또한 창조적 옵션은 관련 없는 분야의 유추나 은유를 이용하여 새로운 아이디어와 관점을 만들어 내기도 한다.

4) 창조적 옵션의 사례

직장인 A는 직장생활 경험이 30년이 되었는데 결혼식 때 30주년 되면 제2의 신혼여행으로 하와이를 가자고 상호 약속하였다. 그런데 실제 결혼 30주년 맞이했을 때 A로서는 막상 1주일 넘는 시간을 휴가로 사용해 가기가 상당히 부담스러웠다. 그래서 A는 아내가 좋은 피부를 갖고 싶고 친정어머니와 시간을 갖고 싶은 숨은 욕구 부분을 고려하여 "장소는 북해도로 해서 2박 3일로 하면 온천욕으로 피부가 좋아지고 예산도 여유가 있으니 장인 장모님도 같이 모시고 가자."고 제안하였다. 이 제안은 아직 자녀가 고등학교 수험생이라면 하와이 긴 휴가로 부모로서 미안함을 감소시킬 수도 있을 것이다. 남편은 긴 휴가 부담을 없애고 아내의 숨은 욕구를 해소하는 이런 부분을 창조적 옵션의 예로 생각해 볼 수 있다.

또 하나의 예로 영화의 한 장면을 소개해볼 수 있다. 영화 "선생 김봉두"에서 A는 논에 물을 주려고 길 위를 가로질러 호스를 연결하였는데 그길 위로 B가 경운기를 몰고 지나가려는 장면이었다. B가 경운기를 타고 호스를 지나가면 A의 호스가 찢어질 수 있고 B가 길을 돌아가려면 한참 시간 소비가 되어 길을 지나가야 할지 여부에 대해 싸움이 난 것이다. 이 때 주인공 김봉두 선생이 나타나 양쪽 얘기를 들어보고 둘 다 만족할 수 있는 중재안인 창조적 옵션을 제시하는데 그 방법은 흙길에 삽으로 공간을 확보해서 호스를 묻는 것이다. 그러면 경운기가 지나가더라도 호스가 상하지 않으니 갈등이 사라지게 된다.

외국 사례를 한번 살펴보자. 미식축구연맹(NFL)에서 정규시즌이 끝나고 한 달 후 올스타전에 스타급 선수를 섭외하고자 하였다. 선수들로서는 부상위험도 있고 체력보충도 필요하며 무엇보다 시즌 끝난 후 가족과 보내고 싶은 욕구가 컸다. 그래서 최고의 선수에게는 참가비를 기존 10만 달러에서 30만 달러로 제시했지만 거절당하였다. 이 때 올스타전 참가를 거절하는 선수입장을 정확히 파악하여 가정적이고 좋은 아빠 이미지를 가져갈 수 있도록 경기 장소를 휴양지인 하와이로 선정하고 가족들과 함께 비행기표와 호텔까지 제공한다고 하니 대다수의 스타급 선수들이 경기후 가족과 보낼 생각에 참가를 약속해 주었다.

　이처럼 입장보다는 관심사에 초점을 맞춰 양 당사자의 근본적인 필요와 관심사를 이해하면 관심사를 충족시킬 수 있는 새로운 방법을 찾을 수 있고 공통점을 찾아 관심사를 결합함으로써 상생의 해결책을 모색하고 외부 리소스를 활용하여 제3자 또는 새로운 정보를 통해 창조적 옵션을 마련할 수 있다.

[연봉 협상]

사례 9. 채용, 재직, 퇴직의 실전 연봉 협상 사례

1. 협상 배경

직장인들에게 협상 중에서 중요한 것을 말하게 한다면 연봉 협상이 상위 순위를 차지할 것이다.

국내 최초 온라인쇼핑몰인 D사는 법인 설립 시점부터 개별 연봉제를 채택하였다. 당시 신업종으로 개인차를 인정하고 성과별 보상이 필요했기 때문이다. 연봉제를 운영하며 협상 시점의 횟수가 증가했다. 연봉 협상이 필요한 시점은 입사자는 채용 시, 재직자는 매년 평가 후 연봉조정 시점, 퇴사자는 퇴직 시로 나눠 볼 수 있다.

D사에서 연봉 협상의 시점별 특징이 서로 다르다. 채용시점

에는 연봉 협상의 발생빈도가 가장 높고, 연봉조정 시점에는 한 시점에 많은 대상자가 관여되고, 퇴직시점에는 협상의 민감도가 가장 높은 편이다.

앞으로 살펴볼 사례에서는 조건부 협상을 활용하는데 이 협상은 상호 미래상황 예측이 다르거나 협의에 전제조건이 필요한 경우 특정 조건을 충족해야만 합의를 하는 형태의 전략이다.
예를 들어 환율에 대한 기대가 1달러에 1,300원에서 협상 한 쪽은 1,400원대로 높아진다고 하고 다른 쪽은 1,200원이 될 거라고 한다면 1,400원이 될 경우와 1,200원이 될 경우를 나누어 조건이 충족되면 조건부 협상을 적용할 수 있도록 구분하여 현재시점에서 정할 수 있다.
이를 연봉 협상에 적용하여 채용, 재직자 조정, 퇴직의 협상별 사례를 통해 협상 당사자들이 연봉을 얼마로 결정할지 뿐만 아니라 조건 옵션(성과급, 근무형태, 근무지, 교육지원, 복리후생 등)을 확대하여 상호 만족하는 안을 도출할 수 있다.

2. 협상 전략과 준비

연봉 협상의 당사자는 회사 내의 인사담당자와 관계되는 직원이다. 이 중 인사담당자가 보편적으로 정보의 우위를 선점하는 구조이고 협상에서 정보력은 협상력이라고 볼 수 있다.

채용 시에는 제출하는 사전 자료로 직원의 원천징수 영수증, 최근 3개월 급여를 통하여 현재 급여수준을 파악하고 희망 연봉 제시를 통해 기대치를 확인한다. 정보를 확보하고 내규에 의한 기준을 설정하고 제시해서 정박(anchoring)효과를 구사할 수 있다.

이를 테면 "제공해 주신 내용을 검토해 봤는데 내규와 비교할 때 희망연봉과 차이가 일부 있습니다. 인정 연수와 연봉은 대리 3년차에 6천만 원입니다."등의 안내이다.

대부분 협상에 익숙하지 않은 지원자는 수용하게 되고 조정을 하더라도 안내 받은 6천만 원의 금액은 정박효과로 제시된 금액 주변에서 결정 된다.

이에 지원자는 협상 전 사전준비를 통해 채용 앱과 지인을 통해 지원 회사 관련 정보와 배트나(협상 결렬시 최선의 대안, Best Alternative To A Negotiated Agreement)를 확보해야 한다. 협상이 진행되면서 첫 제안은 기본적으로 거절하는 비즈니스 협상의 대 원칙을 들어 먼저 제안 시 과감하게 하고 연봉 외 조건 등 다른 측면에서도 원하는 바를 옵션으로 포함하여 협의할 필요가 있다. 제안 시에는 최대한 정중하게 하면서 근거와 이유를 같이 제시하고 회사에서 제안이 본인의 합의가능영역

(Zone Of Possible Agreement, ZOPA) 범위에 들어오더라도 하루 정도의 시간을 가지고 답변을 하는 편이 유리하다.

실제 경험한 사례별로 진행한 부분을 얘기해 보겠다. 이를 통해 상대방 대응도 예상하며 협상 대상자 모두 상호 만족할 창조적 옵션을 고려해 볼 수 있다.

3. 연봉 협상 Ⅰ : 채용 협상

직장경력 11년차 A 과장은 헤드헌트를 통해 경력 채용으로 D사 디자인부문에 응시하여 레퍼런스 체크까지 끝나 최종 합격을 앞두고 연봉 협상을 했다.

회사 규정과 희망연봉 간의 연봉차이가 1천 5백만 원으로 적지 않았다. 이런 경우 D사는 면접관과 해당부문 임원에게 면접 점수와 채용 시급성을 확인하고 합격자를 3단계로 구분하여 협상에 임한다. 합격의 3단계는 S, A, B로 구분하고 단계별 채용 기준은 다음과 같다. S급은 적극 채용, A급은 회사 내 동일 연차 평균대비 10% 범위 내 상향채용, 그리고 B급은 회사 내 동일 연차 평균 기준 수용 시 채용으로 각각 진행한다.

A 과장은 S급으로 평가되어 그가 원하는 연봉을 채용 시점에서 바로 인정해 주기는 부담스러워 인사담당자는 비공개 조건

부 협상으로 옵션을 제안했다.

고정성 비용 협상에서 2년간 자기개발비가 월 1백만 원으로 제시되었고 이와 더불어 프로젝트 및 연간 평가에서 "상" 평가 시 2천만 원, "중" 평가 시 1천만 원의 합산액을 수령할 수 있다는 제안을 하였다. A 과장은 "상" 평가 시 본인이 희망하는 수령액을 초과할 수 있어 새로운 곳에서 도전한다는 생각으로 이 제안을 수용하였다.

- ■ 프로젝트 옵션 평가: 상 1천만 원, 중 5백만 원
- ■ 연간 평가 일시불: S(상) 1천만 원, A(중) 5백만 원
- ■ 자기개발비: 월 1백만 원(2년간) 교육비 / 도서비 지원

채용 시 신입사원의 연봉은 대부분 회사 내규의 채용직급의 초 호봉으로 산정되지만 경력사원의 연봉은 경력, 직무, 전년 연말정산을 기초로 한 기존 연봉과 희망연봉 등을 고려하여 회사 측이 내규로 산정한 연차와 연봉 수준으로 제안되는데 입사 예정자와의 최종계약 단계가 필요하다. 이에 상호 희망연봉과 제안연봉의 차이가 발생한다면 채용가능 범위 내에서 협상을 진행한다.

직원 입장에서는 계약 전 준비단계에서 본인이 희망하는 방향으로 전개하기 위해 사전 정리할 부분이 있다.

먼저 기준점으로 현재연봉과 희망연봉이다.

희망연봉을 협의하기 위해 첫 제안 지점과 협상 최저선의 선정도 중요하다.

예를 들면 현재연봉 6천만 원, 희망연봉 7천만 원일 때, 첫 제안은 현재연봉 20% 인상인 7천 2백만 원, 그리고 최저선은 6천 5백만 원으로 설정할 수 있다. 최저선은 제안을 정중히 거절하고 입사를 포기할 수 있는 선이다.

또한 인상 요청분에 대해 직원 입장에서 이유와 근거를 추가로 정리 해 두어야 한다. 회사 인사담당자도 직원의 인상요구 제안에 대해 이유와 근거를 확인하려 할 것이다.

수집한 업계 수준, 과거 직무상 성공 경험과 더불어 미래 입사지원 회사에 대한 기여 가능성을 포함하여 제안하는 것이 좋겠다. 업계수준 파악 시 지원한 회사의 상황을 이해하고 있는 주변 지인, 연봉 정보 사이트, 헤드헌트를 활용하면 된다.

설령 현재 채용 진행 과정이 헤드헌트를 통하지 않은 것이라도 경력자가 헤드헌트에게는 잠재적인 고객이기 때문에 해당 직무 전문 헤드헌트를 소개 또는 검색해서 연락하면 친절한 답변을 들을 수 있을 것이다.

본인이 제시할 객관적인 데이터를 얻지 못했을 경우에는 기존 통계를 활용해 "이직 시 통상 10% ~ 15%를 인상하고 싶다"는 내용을 언급해도 무방하다.

이런 준비가 된 후 상대방 반응을 예상해 대응 방안을 마련해

두는 것이 필요하다. 인사담당자가 "직원의 요구안을 반영해 주고 싶지만 인사규정에 의해 내부직원과 형평성 문제가 있다."고 얘기할 때 대응 방안을 알아보자.

회사 측 제안이 합의가능영역 내인 경우에는 연봉 이외에 스톡옵션, 재택근무, 교육비 지원 등 추가사항을 확인하고 협상 종료 후, 반기 후 중간시점에 재협상 가능여부를 확인하고 수용한다.

회사 측 제안이 최저선 이하인 경우에는 정중히 거절하고 입사를 포기할 수 있다는 부분을 언급하고 이를 회사 내 보고 후 최종 연봉조건에 대해 언제까지 답변 가능한지 일정을 확인하고 마무리한다.

하반기 입사인 경우 계약 체결 시에 현재 시점 산정분이 이번 해에 국한하는지 내년 연봉까지 이어지는지 확인해 보는 것도 필요하다.

계약 마무리 단계에서는 니블(Nibble)전술로 업무에 필요한 업무수단, 예를 들어 차량지원, 영상장비 등의 지원이 가능한지 요청해볼 수 있다.

4. 연봉 협상 II : 재직자 연봉조정 협상

친화력이 좋은 14년차 B 차장은 B2B 영업 직무자로 연 평가 A 등급과 인상액 350만 원에 대해 S 등급의 조정과 더불어 700만 원의 인상을 요청하는 본인의 연봉조정신청서를 작성하여 제출하였고 인사담당자는 그 내용을 확인하였다.

회사의 연봉조정 제도에서는 타당성 검토 후 평가는 한 단계 조정이 가능하고 인상액은 평가등급 조정분에 따라 인상이 가능하다. 이 때 회사담당자는 재직자 제안을 수용하지 않을 경우 퇴사의 우려를 고려하여 경력자 외부 채용 시 시장성을 고려하기도 한다.

B 차장이 작성한 신청서의 과거 1년간 실적내용을 기초로 평가한 결과 평가등급 조정 충족사유는 발견되지 않았다. 그러나 미래에 대한 획기적 제안인 "Y사 100억 입찰 수주"가 있어서 이 부분이 달성되면 회사성과급과 별도로 "제안내용 달성 시 개인성과 일시급으로 300만원을 지급하겠다."는 조건부 협상을 제안하였다. B차장도 연봉조정은 아니고 일시급에 대한 제안이었지만 이 부분이 달성되면 내년 평가등급과 연봉산정이 유리해진다고 생각하고 이 제안을 수용하였다.

연봉과 성과급은 구분해야 한다. 연봉은 일을 해낼 수 있는 역량을 기초로 산정하여 매년 누적되지만, 성과급은 배당 형식으로 당해 연도 일시적 성과에 대한 보상으로 연봉에 누적되지 않는 차이가 있다.

재직자는 1년에 통상 두 차례 평가결과를 바탕으로 연간 평가 등급을 받고 인상재원을 기초로 배분 결정한 조정연봉을 안내 받는데 수용하기 어려울 때는 연봉조정을 신청하여 협의단계를 거칠 수 있다.

연봉산정에는 평가가 중요하고 등급 결과가 그대로 연봉에 반영되는 경우가 많아서 연봉조정 신청 시 조정이 필요할 경우 연봉과 더불어 그 산정 근거인 평가도 조정되는 경우가 있다.

연봉조정 신청서를 작성할 때 직원 본인의 기간 내 실적과 희망연봉을 적고 인사담당자는 수용여부를 사내 보고를 통해 확인해서 결정사항을 개인별로 통보한다.

해당 면담이 진행될 때는 본인이 경제적으로 힘들다는 사유로 인상요구를 하는 것은 적절치 않으며, 업무와 연계하여 기여한 내용을 적극적으로 설명하고 앞으로 추가매출 달성 계획이나 독립적인 프로젝트 수행 등 연봉조정을 위해 회사에 도움이 되는 방향을 추가로 제안하는 것도 연봉조정의 한 방법이 될 수 있다.

5. 연봉 협상 III : 퇴직 협상

MZ세대 내에서 인기가 많았던 7년차 C 대리는 IT직무자로 직전평가 S 등급을 받을 정도로 회사 내 중요 육성인력인데 퇴직요청으로 인한 면담을 진행했다.

C 대리는 타 회사에 연봉 2천만 원 인상을 제안 받고 이직을 계획 중이었다. 면담과정과 평상 시 관찰에서 성장욕구가 큰 부분을 확인하고 미러링 전술의 일환으로 인사담당자가 직무와 병행해 대학원에 다니며 성장욕구를 해소한 자신의 사례를 얘기했다. 이에 C 대리가 관심을 보여 야간 대학원으로 진학 시 2년 반 동안의 학비(연간 1천만 원 한도) 중 80% 지원과 더불어 내년 승진에 따른 인상액 1천만 원 최소보장을 제안했다.

통상 교육비는 전액 지원보다 본인 스스로 일정 부분 부담을 해야 좀 더 공부하고자 하는 의욕이 생기기 때문에 매칭 펀드와 유사하게 80% 지원을 제도화한 것이다.

또한 인사담당자는 C 대리의 이직 시 사주, 연차수당, 복지수당에서 발생하는 불이익 부분을 설명하며 합의안을 도출했다. "이직하게 되면 사주는 권한을 반납해야 하고 연차는 최초기준으로 돌아가고 복지수당은 각 사별로 다르게 운영하고 있어 장단점 비교가 필요하다." 라고 인사담당자가 설명했다. 통상 자신의 획득영역보다 상실영역이 큰 비중으로 인식하는 부분을 들어 설득에 도움이 되었다.

C 대리는 회사 측이 제안한 조건부 협상인 야간 대학원으로 진학 시 2년 반 동안의 학비(연간 1천만 원 한도) 80% 지원과 더불어 내년 승진에 따른 인상액 1천만 원 최소보장을 사전 확정하는 안으로 수용했다. 적용시점은 전 직원 연간조정 시점에 동시 반영하기로 하고 대학원 지원 시 부서장을 통해 추천서를 작성해 주기로 했다. 또한 관심 있어 하는 프로젝트의 일원으로 활동하여 업무경험을 쌓도록 하였다.

퇴직 시 연봉이 중요한 사유인 경우 회사 측은 외부에서 동일 업무자를 채용 시 발생하는 비용을 포함하여 퇴직예정자의 연봉조정 여부를 결정한다. 회사에서 우수인력 유지를 위한 비공개 프로그램이 있는지도 확인하고 직원 본인 편 만들기 활동도 필요하다.

통상 회사별로 우수인재관리 프로그램과 더불어 퇴직 시 회사잔류를 권하는 기준을 세워 운영하는 경우도 있기 때문에 의사결정에 참여하는 위원들이 퇴직예정자에 대해 이해도가 있을 경우 유리하다.

이러한 연봉조정이 필요할 경우 인사담당자는 표면으로 제기되는 요구사항인 연봉 외 자기개발 기회, 역할 확대, 공개 인정 등 당사자의 관심사를 확인해서 옵션을 다양하게 만들어 대응할 필요가 있다.

관심사 파악은 채용자는 이력서, 그리고 재직자와 퇴직자는 평상시 관찰을 통해 확인할 수 있지만 공통적으로 면담과정에서 질문을 통해 파악할 수도 있다.

6. 협상 특징과 교훈

1) 연봉 협상의 구조분석

이상에서 소개한 실전 연봉 협상 사례를 알기 쉽게 구조를 분석한 내용을 정리하면 표 2.9.1과 같다.

협상당사자는 인사담당자와 각 사례별 해당하는 직원들이고 협상쟁점은 근무조건을 결정하는 것인데 회사내규와 희망사항과의 차이를 어떻게 극복하는가가 핵심과제이다. 협상당사자의 양측 입장은 각자의 기준에 의한 상대의 이해를 구하고 설득하려는 것이다. 이 협상에서 사용된 중요한 두 가지 협상기법은 조건부 협상과 BATNA이다. 연봉 협상의 회사 측 조력자로서 노무사가, 직원들의 조력자로서는 주위의 관련 협상 경험자가 그 역할을 할 수 있다.

표 2.9.1 연봉 협상의 구조분석

항목	내용
협상당사자 (직접)	-유통업 D사 인사담당자 -유통업 D사 직원
협상당사자 (간접)	-해드헌트
협상쟁점	-근무조건 결정
입장	-유통업 D사 인사담당자: 회사 내 규정에 의한 체결가능 영역을 확인하고 경력 시장상황을 고려하여 객관적 기준으로 체결 -유통업 D사 직원: 원하는 조건 설득과 달성
이해관계	-유통업 D사 인사담당자: 적시 우수인재 확보 / 유지 -유통업 D사 직원: 요구사항 수용 / 인정
협상기법	-조건부 협상으로 양자가 생각하는 욕구를 확인하고 어떤 조건이 구비되면 원하는 바를 해준다는 방식 -협상 결렬시 선택할 수 최선의 대안인 배트나 활용
조력자 조정중재인	-D사: 노무사 활용 -직원: 관련협상 경험자

2) 사례의 교훈

인사담당자는 회사 내 규정에 의한 체결가능 영역을 확인하고 경력 시장상황을 고려하여 객관적 기준(Standard Criteria)을 정하고 필수 확보 인원에 대해 직원의 니즈를 반영한 창조적 옵션(Creative Option)을 마련해야 한다. 또한 인사담당자는 협상의 상대방을 인정하고 공통분모를 찾는 노력을 통해 양 측이 만족할 창조적 옵션을 바탕으로 매력적인 수용 가능한 안을 제안해야 한다. 뿐만 아니라 상황별 대처 시 직원들에 대한 인정은 모든 경우에 적용할 수 있고 그간의 경험 또는 개별 과제 수행을 인정하는 등 다양한 방법을 시도해 볼 수 있다. 인정은 대부분이 원하는 기대요인이지만 특이하게도 자신 스스로 해소가 안 되고 타인에 의해서만 충족되는 특징이 있으며 상대성의 원칙을 가지고 있어 관계형성에 도움이 된다.

협상은 상대방에게 선택할 수 있는 옵션을 제안해서 합의를 도출하는 과정으로 인식되어서 직접 선택하고 결정해야 결과에 대해 만족도도 커진다. 따라서 일방적인 단일안 제안보다 자율적 선택이 되도록 스스로 결정할 복수안 제안이 유리하다.

직원 입장에서는 희망연봉과 더불어 산정근거를 고려한 최저선과 상한선 그리고 첫 제안선을 구체화해야 하고 제안된 수치는 상호 근거가 객관적일수록 효과적이고 단순한 자기주장이나 욕심으로 보여서는 곤란하다. 직원은 스스로의 첫 제안을 포함한 합의가능영역(Zone of Possible Agreement)을 설정하고 이를 설명할 업계 기준 등 근거를 마련하고 경험을 바탕으로 본인의 역량을 지속적으로 개발, 향상시켜야 한다.

협상 시 정박 효과(Anchoring Effect)를 위해 목표 상향(Aim High) 기법으로 양보할 부분을 고려해 첫 제안을 높게 설정하는 경우가 있다. 이 때도 정보조사가 필요하고 터무니없이 높게 제안할 경우 신뢰를 잃을 수 있기 때문에 본인의 요구사항과 회사에 어떤 기여를 할 수 있는지 제안을 병행하는 것이 필요하다.

본 협상 사례에서 비중 있게 사용한 협상전술은 상호간의 주요 욕구를 반영한 조건부 협상(Conditional Negotiation)이다. 조건부 협상이란 상호 욕구를 확인하고 어떤 조건이 구비되면 원하는 바를 해준다는 방식으로 상대방이 특정 조건을 충족해야만 합의를 이룰 수 있는 형태의 전략이다.

지금까지 언급한 연봉은 현재의 몸 값이라기보다는 지금 하는 일을 그만두더라도 화폐로 교환할 수 있는 자신의 역량과 기술이라고 할 수 있고 이 수준을 높이기 위해 현 직장에 기여하면서도 스스로의 가치를 끌어 올리는 노력을 꾸준히 해야 할 것이다.

부록 2.9.1 조건부 협상과 BATNA 활용 방법

1) 조건부 협상

　조건부 협상은 연봉 협상 외에도 일상 상황에서도 적용 폭이 다양한데 상대방에게 내 주장의 신뢰도를 높이기 위해 주장하는 바가 달성되면 반영하는 형태의 접근이다. 이는 상대방이 원하는 조건을 만족시키면 그에 상응하는 대가를 제공함을 암시하고 이는 더 유리한 협상 조건을 얻을 수 있는 방법일 수 있다.

　매년 면도기 1만개를 개당 5만 원에 납품하는 업체가 구매처에 대해 "2만개 구매수량을 확정해주면 20%를 인하한 개당 4만 원에 납품할 수 있다."고 제안할 수 있고 또한 "사전 2만개를 확정하기 어렵다면 1만개 납품 단가를 5만 원, 추가분은 4만 원으로 할 수 있다."고 제안할 수 있다.

　이를 매출기준으로 적용해 볼 수 있다. 신규 마트에 입점한 의류브랜드사가 월 1억 원을 판매할 수 있으니 임대 수수료는 매출의 20%로 하자고 제안할 경우 그 신규 마트는 신규입점으로 매출에 대한 데이터가 없으니 월 1억 원 이상 판매할 경우 임대 수수료는 매출의 20%로 하지만 5천만 원 이상 1억 원 미만일 경우는 30%로 하고, 5천만 원 이하일 경우에는 고정임차료 1천 5백만 원으로 하자고 제안할 수 있다.

리스크 관리 차원에서 특정 조건이 충족되면 조건부 협상을 사용할 수 있는데 계약을 체결할 때 특정 사건이 발생하면 계약을 해지하거나 수정할 수 있는 옵션을 포함할 수 있다. 백화점에 입점 시 근처에 지하철이 연말에 생긴다는 정보에 대해 지하철이 들어온 시점부터 수수료를 달리 적용하는 내용으로 협의해 볼 수 있다.

법적 요구사항을 준수하고 법적 문제를 방지하기 위해서도 조건부 협상이 사용될 수 있다. 특히 규제나 규정이 적용되는 산업 분야에서 중요하므로 유통사가 제조사의 상품에 대해 물류 대행을 하려면 시장에 이미 발급된 화물운송주선업 면허를 확보해야 하고 이 면허를 확보할 시 전제로 위수탁계약이 개시되는 내용으로 계약 체결할 수 있다.

또한, 관계 관리에 도움을 줄 수 있는데 협상 도중 상대방이 어떤 행동을 취하거나 변화를 이루어야 할 경우, 조건부 협상을 통해 그러한 변화를 요구할 수 있다.

지속적인 관계를 유지할 필요가 있는 경우 장기계약에 따라 점진적 혜택을 포함한 내용으로 거래를 제안해 볼 수 있어서 "1년 계약시 납품가 기준으로 2년일 경우 10% 할인, 3년일 경우 15% 할인 된 가격으로 조정이 가능하다"는 식이다.

조건부 협상을 사용할 때 주의할 점은 조건이 합리적이어야 하며, 상대방이 이해하고 수용할 수 있는 조건이어야 하고 상호 협력적이고 융통성 있는 접근 방식을 필요로 하며, 너무 강력한 요구사항은 관계를 손상시킬 수 있다.

2) BATNA

또 하나의 중요한 개념인 배트나(Best Alternative to a Negotiated Agreement)는 협상결렬 시 선택할 수 있는 최선의 대안으로 협상 전략 중에서 언제 사용해야 하는지 이해하는 것이 중요하다

배트나가 좋으면 적절한 시점에 은근히 노출하고 배트나가 없거나 별 매력이 없을 때는 상대방에 알리지 말고 속전속결하거나 필요한 경우 언론 또는 제3자의 외부 힘을 빌려 벼랑끝 전술로 배수진을 치는 방법을 활용하기도 한다.

배트나는 활용할 때 상대적으로 부족하면 개발해서 협상 포지션을 강화하고 향싱시키는 것은 더 좋은 내안을 만들 수 있다.

외국계 유통사 까르프가 한국 철수를 결정했을 때 롯데마트만이 관심을 가지고 있어서 협상력이 약했다. 매장수 1위 이마트가 관심이 없었던 이유는 롯데마트가 까르프를 인수하더라도 이마트가 한국 내 1위는 유지할 수 있었던 상황이었기 때문이다. 까르프는 이마트를 배트나로 활용하고자 바로 매각절차를 진행하기보다 오히려 다른 매장을 인수해 매장수를 늘려 롯데마트가 인수 시 시장에서 매장수 1위가 될 수 있도록 여건을

만들었다. 이를 통해 이마트와 사업확장 중인 이랜드까지 추가로 매입 희망대상에 참여를 유도하여 까르프는 유리한 매각을 진행했다.

배트나는 본 협상 전에 구비되어 있어야 한다. 농구선수 K는 자유계약선수로 미국 D 리그 해외진출을 고려하고 있었고 사전에 현 구단과 한국 잔류 시 계약조건을 협의하였다. "2019년에 4억 원을 받았지만 득점과 리바운드의 상위권 성적을 달성했으니 2020년에 5억 7천만 원을 희망한다."고 했고 구단에서는 5억 원을 제시하였다. K 선수는 본인의 제안이 받아들여지지 않자 협상을 중단하고 해외진출을 모색했다. 하지만 해외구단에서는 관심을 보여주지 않았고 국내 다른 구단 반응도 적극적이지 않았다. K 선수는 어쩔 수 없이 시간이 흘러 현 구단에 "제시한 5억 원 연봉을 수용하겠다."는 뜻을 전달했지만 구단은 다른 선수들과 계약이 마무리 단계라 샐러리 캡(팀 연봉 총액 상한선)으로 1억 3천만 원만 남은 상황이므로 K선수는 한 시즌 운동을 안 하면 본인의 가치가 떨어지므로 울며 겨자 먹는 심정으로 2020년은 현 구단과 1억 3천만 원에 계약을 했다. K 선수는 사전 외국구단 또는 국내 다른 구단과의 협상으로 배트나를 만들지 않은 상황에서 현 구단과의 최초 협상에 임했기 때문에 낭패를 본 것이다.

배트나는 일상 업무에서도 활용할 수 있는데 아래 내용은 배트나를 사전에 확보해 대처한 사례이다.

온라인 쇼핑몰 주문 시 고객은 택배를 받을 때 본인 핸드폰 번호 노출을 꺼려서 별도의 안심번호를 지정할 수 있다. 안심번호 운영업체인 S사는 자사가 제공한 번호로 고객이 통화하면 통신사로부터 해당 비용을 받는 구조여서 많은 안심번호를 사용하게 하는 것이 유리해 유통사 D사에게 무상으로 안심번호 사용을 제공했다. 그런데 수익이 예상보다 적다 보니 무상으로 사용하던 계약 중도 시점에 S사는 "연 사용액 6천만 원을 유상으로 전환하겠다."고 D사에게 통보했다.

D사는 해당내용의 통보를 받고 S사와 협상하기 이전에 배트나 확보 차원에서 동종사(SKT, KT, LGT)에 안심번호 무상사용 조건을 확인했는데 한 곳으로부터 각 사 시스템 연동비용 3백만 원을 부담하면 안심번호는 무상으로 사용이 가능하다는 답을 받았다. 이제 D사는 기존 S사를 만나 "동종사에서 무상사용 가능하다고 했지만 기존에 인연을 계속하기 위해 S사와 거래를 지속하고 싶다."는 내용으로 협상을 했다. 추가로 정말 필요하다면 계약종료 이후에 재논의하자는 내용으로 여지를 두고 유상전환 요구를 없던 걸로 하고 S사와 기존조건으로 유지하기로 했다. 결과적으로 D사는 배트나를 선택했더라면 발생할 연동비용도 부담하지 않은 최선의 결과를 얻게 되었다.

협상 전략 중 한 가지만 확보할 수 있다면 많은 사람들이 배트나를 우선 제1순위로 선택할 정도로 중요하며, 매력적인 배트나를 가지고 있으면 협상대치 상황에서도 상대방의 양보를 이끌어낼 수 있어 협상 과정을 신중하게 계획하고 수립하는 데 도움이 된다.

이렇듯 협상 전에 본인과 상대방의 배트나를 떠올려 보고 배트나를 개발 또는 대응 안을 마련하고 미지의 확률에 따라 선택지를 선정할 수 있는 조건부 협상을 활용하면 장애물을 극복하고 교착점을 해소하여 앞으로 나아가는 진전된 협상을 할 수 있다.

제3부

비즈니스 협상 사례의 비교분석과 시사점

제1장 비즈니스 협상 사례의 비교분석
제2장 비즈니스 협상 사례의 교훈과 시사점

제1장 비즈니스 협상 사례의 비교분석

1. 비즈니스 협상 사례의 항목별 비교

2부에서 분석한 9가지 비즈니스 협상 사례의 분류와 순서는 표 3.1.1과 같이 정리된다.

이 사례들을 비교하기 위해 조사된 항목은 협상당사자(직접), 협상당사자(간접), 협상쟁점, 입장, 이해관계, 협상기법, 조력자 또는 조정중재인, 핵심교훈 등 8가지이다. 표 3.1.2는 각각의 사례별 항목을 요약하고 있다.

표 3.1.1 비즈니스 협상 사례의 분류와 순서

협상 분류	사례 제목
M&A 협상	사례 1. 식품회사 M&A 협상 사례
벤처 창업 협상	사례 2. 벤처기업 인재 스카우트 협상 사례
폐기물 계약 협상	사례 3. 곡물폐기물처리 계약 협상 사례
콘텐츠 계약 협상	사례 4. 시트콤 리메이크권 계약 협상 사례
브랜드 사용료 협상	사례 5. 브랜드 사용료 협상 사례
코칭 기반 협상	사례 6. 감성 협상 및 코칭 기반 협상 사례
임차계약 협상	사례 7. 유통사와 임대업자 간 임차계약 사례
유통물류비 협상	사례 8. 유통사와 물류사의 물류비 협상 사례
연봉 협상	사례 9. 채용, 재직, 퇴직의 실전 연봉 협상 사례

표 3.1.2 비즈니스 협상 사례 비교분석 표

분야	M&A 협상	벤처창업 협상
제목	1. 식품회사 M&A 협상 사례	2. 벤처기업 인재 스카우트 협상 사례
협상당사자 (직접)	-농축수산품 수입회사 A 대표 AA -B그룹 대표 BA	-오메가시스템 대표 김용준 -알파마이크로 기술센터장 나일수
협상당사자 (간접)	X식품 브라질 본사 대표 XA	-오메가시스템 투자자, 김용준의 벤처 투자자 -알파마이크로, 기술센터의 다른 엔지니어, 다른 고용주, 자문할 벤처 투자자
협상쟁점	-A 인수가격 -AA 연봉, 보너스 -AB 연봉, 보너스	엔지니어링 장소, 보상(급여, 옵션 등), 직무책임, 채용직위
입장	-인수가격: AA 200억원-> 240억원 ->270억원-> 300억원 / BA 수용, 수용, 수용, 280억원 -AA 연봉: AA 4억 2천만원 / BA 수용 -AB 연봉: AA 2억 4천만원 / BA 거절, 채용 불가 -보너스: AA 세전 수익의 20% / BA 수용	-김용준: 천안 R&D센터, 알파연봉, 자사주 2%, 조기주식확정 연20%, 책임변화 통지 -나일수: 판교 R&D센터, 알파연봉 20% 인상, 자사주 5%, 조기 주식확정 연50%, 책임변화 합의
이해관계	-AA: 상대방의 자금여력과 자신의 식품수입 전문성 및 네트워크 활용으로 이익극대화 -BA: 식품수입 전문가의 사업경력, 네트워크 활용하여 M&A 성공 및 내부전문가 양성	-김용준: 실력 있는 엔지니어팀을 구축하여 투자자를 유치함 -나일수: 판교에 현재보상 수준의 직장을 구하고 고용안정 보장
협상기법	-AA는 자기를 굿가이, XA를 배드가이 역할하는 기법 사용 -BA는 BATNA를 활용, 압박	-우선순위 기반 양보, 교환 -직간접 당사자 연대 전략 -BATNA 활용
조력자 조정중재인	K협상원 컨설턴트 KA가 BA에게 컨설팅 제공	-나일수가 자문 받을 벤처 투자자

분야	폐기물 계약 협상	콘텐츠 계약 협상
제목	3. 곡물폐기물처리 계약 협상 사례	4. 시트콤 리메이크권 베트남 수출 계약 협상
협상당사자 (직접)	-R재생업체 대표 RA -C사료제조사 대표 CA	-한국의 방송사(A사) -베트남 제작사(D사)
협상당사자 (간접)	-S곡물제조사	
협상쟁점	-폐기물 처리계약 재계약	-판매 가격 -계약 기간 -입금 일정
입장	-RA: 기존계약 모두 폐기, 4년 장기계약 -> 8개 시설 12% 감액, 4년 장기계약 -> 무계약 2개 시설 4년 장기계약 -> 8개 시설 10% 감액, 4년 장기계약 -CA: 긍정적 검토 -> 기존대로 계약 요구 -> 수용 ->수용	-판매 가격 : A사 US$1,300 -> D사 US$700 -> A사 US$1,100 -> D사 US$1,000(최종) -계약 기간 : A사 1년 -> D사 3년 -> A사 2년 -> D사 3년(최종) -입금 일정 : A사 계약 체결 후 2주 이내 100% 입금(100% 입금 후 머티어리얼 발송) -> D사 계약 체결 후 30%, 6개월 이내 70%(상동) -> A사 계약 체결 후 30%, 3개월 이내 70%(상동) -> D사 계약 체결 후 30%, 3개월 이내 30%, 6개월 이내 40%(상동)(최송)
이해관계	-RA: S곡물제조사의 10% 감액 요청을 맞추기 위한 통일계약 -CA: 고령을 고려 손해 없는 장기계약	-A사: 수익(가격) 극대화를 통한 매출 달성 -D사: 베트남 방송 시장에서 입지 다지기
협상기법	-RA는 2개 무계약을 다른 경쟁사와 계약할 BATNA 활용 -CA의 연령과 스타일에 맞도록 장기계약 체결 -CA과의 친근감과 소통을 구사	-A사: 협력전략 및 타협전략 -D사: 협력전략 및 타협전략
조력자 조정중재인	-RA는 S제조사의 의뢰인을 대신한 대리협상을 담당	

분야	브랜드 사용료 협상	코칭 기반 협상
제목	5. 브랜드 사용료 협상: 협상에서 객관적 기준의 중요성	6. 감성 협상 및 코칭 기반 협상 사례
협상당사자 (직접)	-A사 -A사의 자회사들	- 방송사(A사) - 플랫폼(V사)
협상당사자 (간접)		
협상쟁점	-브랜드 사용료율 -적용 사업 항목 등	- 콘텐츠 공급 첫 계약
입장	브랜드 사용료 징수	- A사: 콘텐츠 공급 대가를 최대한 높은 조건으로 받는 것 - V사: 콘텐츠 수급 대가를 최대한 낮은 조건으로 지불하는 것
이해관계	-최대한 객관적 기준 마련을 통해 -법령 등의 문제 소지 발생 미연에 방지	- A사: 콘텐츠 공급 첫 계약을 통한 윈도우 다각화 및 매출 증대, 장기적 파트너십 형성 - V사: A사의 콘텐츠 수급을 통해 서비스 범위 확대(국내 주요 CP 콘텐츠 확보), 영향력 증가, 장기적 파트너십 형성
협상기법	원칙화된 협상	감성 협상 및 코칭 기반 협상
조력자 조정중재인		

분류	임차계약 협상	유통물류비 협상
제목	7. 유통사와 임대업자 간 임차계약 사례	8. 유통사와 물류사의 물류비 협상 사례
협상당사자 (직접)	-유통업 D사 경영지원팀장 -임대업 J사 임대팀장	-유통업 D사 물류팀장 -물류업 L사 영업팀장
협상당사자 (간접)	-유통업 D사 대표 -임대업 J사 대표	-D사의 택배 대행하는 C사 -L사에 박스 납품하는 A사
협상쟁점	-무료 임차 개월 수 -장기계약 여부 -보안게이트 설치	-L사 수수료 부분 제외 -부자내 내재화 -C사 제휴건수 물류 통합 -타 센터 옵션 포함
입장	-유통업 D사 무료 임차 3개월 보안게이트 무상 설치 -임대업 J사 5년 장기계약(최소 2년)	-유통업 D사 물류비 인하 -물류업 L사 계약 유지
이해관계	-유통업 D사 무료 임차 2개월 확보로 고정비 절감 -임대업 J사 별도운영 수목원 구축비용 마련을 위해 최소 2년 임차계약 유지	-유통업 D사 의미 있는 절감액을 도출하지 못하면 D사가 L사를 배제하고 직접 운영 -물류업 L사 상장을 앞두고 있어 외형매출과 더불어 안정적 이익을 필요
협상기법	-D사는 경영지원팀장을 좋은 사람으로 임원협의체를 나쁜 사람으로 역할하는 기법 사용 -J사는 장기계약 전제로 단계적 수용 -정박(anchoring) 효과로 D사가 매년 무료 임차 2개월의 희망목표보다 높은 매년 무료 임차 3개월을 정박으로 제안	-부자재 절감 시 협상 주 대상인 D사와 L사가 힘을 모아 납품사인 A사를 대상으로 할인을 이끌어 낸 창조적 대안 전략 -절감액을 도출하지 못하면 D사가 L사를 배제하고 직접 운영한다는 벼랑끝 전술
조력자 조정중재인	D사 임원협의체	대형 부동산 공인중개사

항목	연봉 협상
제목	9. 채용, 재직, 퇴직의 실전 연봉 협상 사례
협상당사자 (직접)	-유통업 D사 인사담당자 -유통업 D사 직원
협상당사자 (간접)	헤드헌트
협상쟁점	근무조건 결정
입장	-유통업 D사 인사담당자 회사내 규정에 의한 체결가능 영역을 확인하고 경력 시장상황을 고려하여 객관적기준으로 체결 -유통업 D사 직원 원하는 조건 설득과 달성
이해관계	-유통업 D사 인사담당자 적시 우수인재 확보 -유통업 D사 직원 요구사항 수용 / 인정
협상기법	-조건부 협상으로 양자가 생각하는 욕구를 확인하고 어떤 조건이 구비되면 원하는 바를 해준다는 방식 -협상 결렬시 선택할 수 최상의 대안인 배트나 활용
조력자 조정중재인	D사 노무사 활용

2. 비즈니스 협상 사례의 협상기법 비교

이들 항목 중 협상기법과 합의결과를 사례별로 간명하게 정리하면 표 3.1.3과 같다. 이 표에서 사례별로 다양한 기법들이 나타나고 있는데 사용되는 기법의 빈도를 정리해보면 협상기법의 활용도를 관찰할 수 있다.

- BATNA 활용: 4회
- 굿 가이 배드 가이(좋은 사람 나쁜 사람) 활용: 2회
- 협력전략 및 타협전략: 2회
- 직간접 당사자 연대 전략: 2회
- 조건부 협상(장기계약 전제로 단계적 수용): 2회
- 우선순위 기반 양보, 교환
- 연령과 스타일에 맞는 협상
- 친근감과 소통 구사
- 코칭 기반 협상
- 원칙화된 협상
- 정박 효과 기법 사용
- 창조적 대안 전략
- 벼랑 끝 전술

위의 협상기법 빈도를 보면 BATNA 활용이 총 4회로 압도적

으로 많이 나타나고 있다. 그 다음 굿 가이 배드 가이(좋은 사람 나쁜 사람), 협력전략 및 타협전략, 직간접 당사자 연대 전략, 조건부 협상(장기계약 전제로 단계적 수용)이 각각 2회로 나타나 활용도가 있는 기법임을 알 수 있다. 나머지 기법들은 모두 한 번씩 사용되었다. 이 중 우선순위 기반 양보, 교환, 연령과 스타일에 맞는 협상, 친근감과 소통 구사, 코칭 기반 협상, 원칙화된 협상은 협력적 협상 기법들이고 정박 효과 기법, 창조적 대안 전략, 벼랑 끝 전술은 경쟁적 협상 기법들이다.

표 3.1.3 사례별 협상기법과 합의결과

사례	협상기법	합의결과
사례 1. 식품회사 M&A 협상 사례	-AA는 자기를 굿가이, XA를 배드가이 역할하는 기법 사용 -BA는 BATNA를 활용, 압박	-인수가격: 280억원 -AA 연봉: 4억원 -AB: 해고 -세전수익 15억원 이상, 1억원 보너스
사례 2. 벤처기업 인재 스카우트 협상 사례	-우선순위 기반 양보, 교환 -직간접 당사자 연대 전략 -BATNA 활용	-판교 R&D센터 -현재 연봉수준 보장 -자사주 2% 배정 -최고기술자 직위부여 -책임변화 합의 시행
사례 3. 곡물폐기물처리 계약 협상 사례	-RA는 2개 무계약을 다른 경쟁사와 계약할 BATNA 활용 -CA의 연령과 스타일에 맞도록 장기계약 체결 -CA과의 친근감과 소통을 구사	-6개 기존계약 파기, 2개 무계약 신규로 모두 10% 감액한 4년 계약 체결
사례 4. 시트콤 리메이크권 계약 협상 사례	-A사: 협력전략 및 타협전략 -D사: 협력전략 및 타협전략	-가격: 회당 US$1,000 -계약 기간: 3년 -입금 일정: 계약 체결 후 30%, 3개월 이내 30%, 6개월 이내 40% -완납 시 자료 발송
사례 5. 브랜드 사용료 협상 사례	원칙화된 협상	
사례 6. 감성 협상 및 코칭 기반 협상 사례	코칭 기반 협상(Coaching-based Negotiation)	

사례	협상기법	합의결과
사례 7. 유통사와 임대업자 간 임차계약 사례	-D사는 좋은 사람 나쁜 사람 기법 사용 -J사는 장기계약 전제로 단계적 수용 -정박(anchoring) 효과 기법을 사용	-5년간 장기 임차계약체결 -2년후 D사가 중도해지권 사용 -무료 임차 2개월 매년 적용 -사무실 도색 지원
사례 8. 유통사와 물류사의 물류비 협상 사례	-연합전략으로 할인을 이끌어 낸 창조적 대안 전략을 구사 -절감액을 도출하지 못하면 D사가 직접 운영한다는 벼랑끝 전술	-L사 수수료 제외, 부자내 내재화, C사 제휴 물류통합 -보관형센터 이전 -O사 직운영 변경 -無운송장 택배 운영 기기 구입 지원
사례 9. 채용, 재직, 퇴직의 실전 연봉 협상 사례	-어떤 조건이 구비되면 원하는 바를 해준다는 조건부 협상 -협상 결렬시 선택할 수 있는 최선의 대안인 배트나 활용	-프로젝트 옵션 평가: 상 1천만 원, 중 5백만 원 -년 평가 일시불: S 1천만 원, A 5백만 원 -자기개발비: 월 1백만 원(3년간) 교육비 / 도서비 지원

제2장 비즈니스 협상 사례의 교훈과 시사점

1. 비즈니스 협상 사례의 교훈 비교

앞의 9가지 비즈니스 협상 사례에 대한 교훈을 얻기 위해서 사례별 핵심교훈을 정리해보면 표 3.2.1과 같다. 사례별 교훈은 당사자와 쟁점, 상황에 따라 다양하게 나타나지만 어떤 요소들이 빈번하게 나타나는지 빈도를 살펴보는 것은 사례분석에서 얻는 소중한 정보가 될 수 있다. 그래서 협상사례의 핵심교훈을 분야별로 빈도순으로 정리해보았다.

(협상준비와 정보 활용)
 -BATNA 확인 및 활용: 3회
 -정보에 토대한 협상준비 철저: 2회

-성공적 협상의 목표 설정
-상대방 정보 분석으로 대응 필요

(경쟁적 협상 전략과 기법)
-초기제안 정박효과 발휘: 2회
-조건부 협상을 활용
-좋은 사람 나쁜 사람(Good Guy Bad Guy) 전술 활용
-연합세력 연대
-타협전략의 현실적 활용

(협력적 협상 전략과 기법)
-복수 쟁점의 선호도 기반 교섭
-공통적 이해관계 충족의 원원협상
-단기적 성과와 장기적 관계 동시 추구
-협력을 유도하는 창조적 대안 기법
-객관적 기준 활용

(감정관리와 커뮤니케이션)
-좋아함과 친근감을 활용
-초기제안 결렬 시 우회하는 끈기 협상
-협상 결과의 주관적 느낌 중시
-코칭 기반 협상
-욕구 발견 위한 질문 기법

(내·외부 협상자원)
-조직 내 협상전략자원 개발
-협상스킬 부족 시 외부 컨설팅 요청

표 3.2.1 사례별 핵심교훈

사례	핵심교훈
사례 1. 식품회사 M&A 협상 사례	-협상스킬과 협상력이 부족할 경우 외부 컨설팅 요청 -조직 내 협상전략자원 개발 필요 -BATNA를 확인하여 활용 -정보를 토대로 협상준비 필요 -상대방 정보 분석으로 대응 필요
사례 2. 벤처기업 인재 스카우트 협상 사례	-유리한 협상을 위해 연합세력을 연대 -쟁점이 많을 경우 서로 선호도 높은 쟁점을 우선 충족 -공통적 이해관계를 충족시키는 가치창조의 원윈협상
사례 3. 곡물폐기물처리 계약 협상 사례	-초기제안의 정박효과 만듦 -무계약 시설을 다른 경쟁자와 계약할 BATNA를 활용 -단기적 성과와 장기적 관계를 중요시함 -좋아함과 친근감을 활용 -초기제안 결렬을 우회하는 끈기 있는 협상
사례 4. 시트콤 리메이크권 계약 협상 사례	-정보 수집 등 협상 준비의 중요성 -목표 설정(일괄적 협상 대상, 목표 조건, 유보 조건) -타협전략이 현실에서 실용적으로 많이 사용됨 -협상 결과에서 주관적 느낌의 중요성
사례 5. 브랜드 사용료 협상 사례	-협상에서 '객관적 기준'을 사용하는 것이 중요함 (피셔-유리의 원칙화된 협상을 근거로 함)
사례 6. 감성 협상 및 코칭 기반 협상 사례	-협상 만족도 제고 위해 협상의 객관적 결과 못지않게 주관적 가치도 매우 중요함. 이를 '코칭 기반 협상'을 통해 해결할 수 있음
사례 7. 유통사와 임대업자 간 임차계약 사례	- 좋은 사람 나쁜 사람(Good cop bad cop) 전술 활용으로 욕구를 정확히 표출하되 좋은 관계는 유지 -상대방 결정에 영향을 주기 위해 초기 제안 가격 또는 정보를 제시하여 정박(anchoring) 효과 발휘
사례 8. 유통사와 물류사의 물류비 협상 사례	-요구와 더불어 숨은 욕구를 찾기 위해 왜? 라는 질문을 반복 활용 -창조적 대안으로 이해관계자의 협력을 이끌어낸 점
사례 9. 채용, 재직, 퇴직의 실전 연봉 협상 사례	-양측의 배트나를 토대로 조건부 협상을 활용하면 장애물 극복과 교착점 해소로 협상이 진전됨

9가지 사례의 핵심교훈에서 나온 교훈들을 분류해보면 협상 준비와 정보 활용, 경쟁적 협상 전략과 기법, 협력적 협상 전략과 기법, 감정관리와 커뮤니케이션, 내·외부 협상자원 등 5가지로 요약된다. 협상전략을 경쟁과 협력으로 나뉘어 교훈을 제시하고 있으며 전략유형 관계없이 사전에 협상준비와 정보 활용을 중시하고 있다. 빈도로 보면 BATNA 확인과 활용이 가장 높고 정보 토대 협상준비와 초기제안 정박효과가 그 다음 높은 빈도를 보이고 있다.

감정관리 문제와 의사소통 문제도 여러 가지 교훈을 제시하고 있다. 상대와의 친근감을 만들고 끈기 있는 협상을 강조하기도 하며 협상결과의 주관적 느낌을 중시하고 이를 위한 코칭 기반 협상을 제안하기도 한다. 또한 상대방의 욕구를 파악하기 위해 질문기법을 활용하도록 팁을 주기도 한다.

협상력을 강화하기 위한 한 방법은 조직 내 협상 전략자원 개발을 제안하고 필요 시 외부의 협상컨설팅을 요청하는 방법도 적극 고려할 필요가 있음을 제시하고 있다.

2. 사례분석의 시사점

본 비즈니스 협상 사례의 비교분석을 통해 도출할 수 있는 시사점을 정리하면 다음과 같다.

1) 협상을 시작하기 전 준비를 철저히 하라.

협상을 시작하기 전 철저한 준비는 성공적인 협상을 위한 필수적인 단계로 협상 참여자들이 명확한 목표를 설정하고 상대방의 입장을 이해하는 기반을 마련하며, 미리 예상되는 문제에 대비하는 등의 전략을 수립할 수 있게 한다. 또한 정보 수집과 분석을 통해 협상 상황을 더 잘 이해하고, 유연하게 대처할 수 있는 능력을 제고하여 감정적인 안정성과 전략적인 대응 능력을 향상시켜 협상 과정에서의 효율성을 극대화하고 원하는 결과를 도출하는 데에 도움이 된다. 따라서 칠저한 준비는 협상의 성공 확률을 높이고, 지속 가능한 협력 관계를 구축하는 핵심적인 단계이다.

하버드대학교에서 협상가들에게 "훌륭한 협상가가 되기 위해 가장 필요한 것은?" 질문에 압도적 1위는 "협상준비기술"이었다.[57] 이는 협상 준비 원리와 본인만의 협상 도구를 갖추는 것을 말한다.

이 책에서 소개한 협상준비표(부록 2.7.1)를 활용하여 순서에 따라 협상 안건에 대해 상대방 관점을 고려하여 본인과 상대방의 요구, 욕구, 창조적 옵션, 숨겨진 욕구, BATNA를 작성하여 본 협상을 대비하면 성공적 협상 결과를 도출할 수 있다.

2) 정보를 활용한 유리한 또는 효율적 협상을 실시하라.

정보를 활용한 협상은 양측이 상대방의 입장과 목표를 이해하고 최적의 합의점을 찾기 위해 중요하므로 협상 참여자들에게 자신감을 부여하고 보다 더 논리적이고 전략적인 결정을 내릴 수 있게 도와준다. 정보를 바탕으로 한 의사소통은 객관적이고 투명한 과정을 이끌어내어 상호 간 신뢰를 증진시키고 더 나은 결과를 도출함으로써 협상의 효율성을 향상시키고 지속 가능한 협력 관계를 구축하는 데 기여한다.

협상에서 확보한 정보는 근거와 논리가 뒷받침 되는 객관성을 유지하여 양측이 모두 수긍할 때 판단의 기준으로서 활용될 수 있다. 근거 없는 자신감(소위 근자감)은 협상에서는 적용되지 않는다.

이 책 사례 8, 9의 요구와 욕구부분에서 확인한 것처럼 상대방의 정보를 가장 효율적으로 확인하는 방법은 바로 질문하는 것이다. 즉, 표면적으로 들어난 요구에 대해 "왜?" 라는 질문을 통해 욕구를 확인하고 양측을 만족시키는 창조적 옵션을 만들어 낼 수 있다. 이렇게 정보를 기반으로 협상을 진행하면 효율적인 협력적 협상을 할 수 있다.

3) 쟁점과 상호관계에 따라 협상전략을 선택하라.

쟁점과 상호관계에 따라 협상전략을 선택하는 것은 협상의 성패를 결정하는 핵심적인 요소들로 각각의 협상 상황은 다양한 쟁점과 상호관계를 포함하고 있어서, 이를 고려하지 않고 일괄적인 전략을 적용할 경우 원하는 결과를 얻기 어렵다.

협상전략은 대표적으로 경쟁전략과 협력전략으로 구성된다. 먼저 협상의 분야와 쟁점의 양에 따라 어떤 전략이 적용될지 달라질 수 있다. 예를 들어 가격, 금액, 수량 등 양적으로 명백하게 표현될 수 있는 협상이나 한 가지의 쟁점만으로 협상할 때 경쟁적 전략을 선택하지만 품질, 감정, 관계 등 질적으로 표현되는 협상이나 두 가지 이상의 쟁점을 다루는 협상에서는 협력적 전략을 선택하는 것이 적절하다.

LHO 협상전략모형에 의하면 자신의 성과와 상대방과의 관계에 따라 전략을 달리 선택한다.[58] 성과가 중요하더라도 관계가 약하면 경쟁적 전략을, 관계가 강하고 좋으면 협력적 전략을 선택한다. 관계가 일회성이나 단기적이면 경쟁적 전략을, 관계가 장기적이고 공동의 목표를 가지고 있으면 협력적 전략을 선택함이 적절하다. 예를 들어 부동산 매매의 경우는 경쟁적 전략으로 하지만 기업을 신설하기 위한 인재스카우트의 경우는 협력적 전략으로 해야 한다.

4) 협상전략에 따른 적절한 스킬을 구사하라.

협상을 성공적으로 진행하고 원하는 결과를 얻기 위해서는 그에 맞는 협상전략을 선택하는 것도 중요하지만 그 전략에 맞는 스킬을 구사하는 것은 더욱 중요하다. 경쟁적 협상을 진행하려면 자신이 유리하게 이끌어나가 성과를 달성할 수 있는 스킬이 필요하다. 본 연구의 사례들에서 사용된 기법들을 살펴보면 초기제안을 이용한 정박효과를 만들고 좋은 사람 나쁜 사람 기법을 이용하여 입장을 고수하고 양보를 어렵게 할 수 있다. 또 미래가 불확실한 상황에서 조건부 협상을 활용하거나 협상력을 키우기 위해 연합세력과의 연대를 만들기도 한다. BATNA는 어떤 전략에서도 사용이 가능한데 특히 경쟁전략에서 효과가 더 크다. 만족스럽지 못한 협상을 결렬시킬 수 있는 강력한 무기가 바로 BATNA이다.

이와는 반대로 협력적 협상은 장기적 관계를 중시하는 전략으로 선택한 만큼 이를 추진하는 기법들도 경쟁적 협상 기법과는 다르다. 가장 많이 사용하는 기법은 공통적인 이해관계를 충족시키는 방법이다. 그리고 이해관계를 충족시키는 옵션을 개발하는 창조적 옵션 기법과 이를 평가하기 위한 객관적 평가기준을 활용하는 방법이 매우 합리적이고 과학적인 윈윈협상 기법이다. 또 다른 방법으로는 쟁점이 여러 가지일 경우 쟁점의 선호도를 조사하여 상대적으로 선호도가 높은 쟁점을 서로 충족시키는 선호도 기반 교섭도 활용할 수 있다.

5) 협상전략과 관계에 따른 감정을 관리하라.

협상에서 감정은 생각보다 훨씬 중요하다. 협상은 '사람'을 대상으로 하고 사람은 사실(fact)보다는 감정으로 움직이고 의식보다는 무의식의 지배를 받는 존재이기 때문이다. 협상학의 대가이자 와튼스쿨 교수인 스튜어트 다이아몬드(Stuart Diamond)에 따르면, 협상에서 합의를 이끌어내는데 가장 중요한 요소는 바로 호감이나 신뢰 같은 인간적 요소(55%)라고 한다. 그 다음이 절차(37%)이고, 전문 지식은 채 10%도 되지 않는다고 한다. [59]

협상의 주관적 가치에 대한 연구에 따르면 '협상자의 주관적 느낌은 협상의 객관적 결과에 못지않게 중요한데 이는 대부분의 경우 협상가들이 본인의 협상결과를 객관적으로 평가할 방법이 없기 때문'이라는 것이다. [60] 또한 주관적 느낌은 비즈니스 관계에서 특히 중요한데 이는 협상결과에 대한 만족감뿐 아니라 상대방과 비즈니스 관계를 계속 유지하려는 의도에도 중요한 영향을 미치기 때문이다.[61]

이처럼 감정은 협상 참여자들에게 직접적인 영향을 끼칠 뿐만 아니라 협상 과정 및 결과에 전반적으로 중요한 영향을 미치므로 이를 적절하게 관리하고 활용할 필요가 있다.

예를 들어 상대방이 분노하거나 모멸감을 주고 있을 때 어떻게 감정을 관리할 것인가? 유능한 감정관리 협상가라면 여과 없이 바로 감정적으로 대하지 않고 평정심을 가지고 상대의 감정이 협상전략으로 사용하고 있다는 것을 파악하고 감정을 협상의 관점으로 프레임을 전환하는 주짓수 전술을 사용할 수 있다.[62]

6) 목적에 맞는 질문과 듣기 기법의 커뮤니케이션을 구사하라.

한 연구에 따르면 커뮤니케이션 스킬의 미흡이 협상결렬의 중요한 원인이라고 할 수 있으며 커뮤니케이션 방법을 훈련받은 협상가는 협상성과를 증대시킨다.[63] 따라서 적절한 커뮤니케이션은 협상의 성패와도 직결될 수 있는 매우 중요한 요소다.

효과적인 커뮤니케이션을 위해 적절한 질문과 듣기는 상대방의 의견과 요구를 명확히 파악할 수 있게 하며, 이는 협상 과정에서 더 나은 결과를 창출하는 핵심 도구로 사용될 수 있다.

적절한 질문을 통해 상대방의 생각을 유도하고 원하는 정보를 얻을 수 있으며 상대방의 의향을 파악할 수 있다.

따라서 목적에 맞는 질문과 듣기 등 적절한 커뮤니케이션 기술을 적용함으로써 상호 간 통합적 이해와 공감을 높이고 관계를 강화하며 협상의 과정 만족도와 결과 만족도를 높일 수 있을 것이다.

상대방의 욕구를 파악하기 위해 질문할 때는 상대방이 자유로운 내면의 정보를 표출할 수 있도록 닫힌 질문(closed-ended question)보다 열린 질문(open-ended question)을 사용하는 것이 효과적이다. 이렇게 질문하더라도 듣지 않는다면 원하는 정보를 얻지 못하므로 질문 후에 적극적으로 경청하는 자세가 상대방의 많은 정보를 얻는 지름길이다.

각주

제1부 비즈니스 협상의 실무

제1장 비즈니스 협상의 분야와 특징

1) 위키백과, 사업.
2) Wikipedia, Business.
3) 박주홍(2019), p.26.
4) 송이재(2019), p.50.
5) Bright Focus,
https://brightfocusconsult.com/faq/what-is-business-negotiation
6) Management Study Guide,
https://www.managementstudyguide.com/business-negotiations.htm
7) PON Harvard Law School,
https://www.pon.harvard.edu/tag/business-negotiation/
8) GEP,
https://www.gep.com/knowledge-bank/glossary/what-is-commercial-negotiation
9) 박주홍(2019)의 Part 2. 기능영역과 관련된 주요 협상 이슈에서 분야별 이슈를 발췌하였다(pp.122-200).
10) 인사협상 중 단체교섭, 고충처리, 종업원갈등은 노동갈등협상에서 별도로 다루는 것으로 비즈니스 협상의 범위에서는 제외한다.
11) 박주홍, 전게서, p.26

제2장 비즈니스 협상의 기본 요소와 전략

12) Watkins(2002)의 Introduction에서 정리한 7가지의 원칙을 발췌하여 소개한다. Watkins(2002), pp.xviii-xxiii.

제3장 비즈니스 협상의 과정관리와 절차

13) 경로의존성의 선순환과 악순환은 준비의 부족과 효과성에 좌우되어 순환을 만들어 내고 있어서 원래 사이클에 준비항목을 추가하였다. Watkins(2002), p.85.
14) Watkins(2002), pp.85-90을 발췌하였다.
15) Watkins(2002), pp.90-97을 발췌하였다.
16) Watkins(2002), pp.97-100.

제4장 비즈니스 협상력 키우기

17) Galinsky and Magee(2006).

제5장 비즈니스 협상의 스킬

18) 원창희(2021), 6. 준비역량에서 발췌하였다.
19) 원창희(2021), 7. 소통역량에서 발췌하였다.
20) 원창희(2021), pp.16-19.
21) Wikipedia, Nonverbal communication.
22) Stark & Flaherty(2017), pp.59~63.
23) 원창희(2021), 2. 목표역량과 3. 전략역량에서 발췌하였다.

제2부 비즈니스 협상의 사례

사례 4. 시트콤 리메이크권 수출 계약 협상 사례

24) 이 금액은 수 년 전 사례로서 현재 가격과는 차이가 있다.
25) 심석진(2013).
26) 바트나(BATNA)란 Best Alternative To a Negotiated Agreement의 약자로 협상이 결렬되었을 때 취할 수 있는 대안을 의미한다.
27) 이종건, 박헌준(2004).

28) 로저 피셔, 윌리엄 유리, 브루스 패튼(2021). P47
29) 앵커링 효과란 배가 닻이 내려진 주변에만 머물며 벗어날 수 없듯 상대의 무의식에 선을 그어줌으로서 생각이 그 안에서만 머물도록 하는 효과를 말한다. 승자의 저주란 경쟁에서 이긴 것처럼 보이지만 사실상 과도한 비용을 지불한 것을 뜻한다.
30) 니블링(Nibbling) 전략이란 쥐가 야금야금 갉아먹듯 상대에게 조금이라도 좋은 조건을 더 얻어내기 위한 시도를 말한다.
31) 한영위, 박호환(2006).
32) Curhan et al.(2006); White, Tynan, Galinsky & Thompson(2004); Thompson & Hastie(1990); Oliver, Balakrishnan & Barry(1994)의 문헌을 인용한 오세형(2020)을 참고하였다.
33) Raiffa, Howard(2002), pp.112-113.

사례 5. 브랜드 사용료 협상 사례

34) 박성필(2021).
35) 신철호(2006).
36) 박혜림(2021).
37) 이지숙(2023).
38) 서병주(2023)
39) 신수용(2023).
40) 조은아(2023).
41) 한국경제연구원(2018).
42) 로저 피셔, 윌리엄 유리, 브루스 패튼(2021), P47.
43) 로저 피셔, 윌리엄 유리, 브루스 패튼(2021), P147.

사례 6. 감성 협상 및 코칭 기반 협상 사례

44) 신창호(2023)
45) 고혜지(2023)
46) Lewicki et al.(2005), p.236.
47) 박상기(2022)
48) 한영위, 박호환(2006).
49) 오세형(2020).

50) 조주은(2018).
51) 고종식, 임채승(2005).
52) 오세형, 김기현(2021).
53) 황현희, 정문선, 김근배, 김보민(2021).

사례 7. 유통사와 임대업자 간 임차계약 사례

54) 좋은 사람 나쁜 사람(Good Guy Bad Guy)은 Lewicki 외(1994), p.74, 원창희(2021), p.121를 참조하였다.
55) 정박(Anchoring) 효과는 Harvard Business School2003), Negotiation, pp.49~51, 원창희(2021), p.76를 참조하였다.

사례 8. 유통사와 물류사 간 물류비 협상 사례

56) 사람인(https://www.saramin.co.kr, OKR 이해하기).

제3부 비즈니스 협상 사례의 비교분석과 시사점

제2장 비즈니스 협상 사례의 교훈과 시사점

57) 최철규(2015).
58) Lewiki, Hiam & Olander(2015), 원창희(2021), pp.22-23 참조하였다.
59) Stuart Diamond(2012).
60) White, Tynan, Galinsky & Thompso(2004), Curhan et al.(2006), Thompson & Hastie(1990)의 문헌과 조창연(2012)에서 요약된 문헌조사를 참고할 수 있다.
61) Oliver, Balakrishnan & Barry(1994).
62) 로날드 샤피로 외(2003).
63) Lewicki et al.(1992), Krauss & Deutsch(1966)의 문헌과 고종식과 임채승(2005)에서 요약된 문헌조사를 참고할 수 있다.

참고문헌

고종식, 임채승(2005). 조절변수의 영향에 따른 협상전략과 협상성과에 대한 연구. **조직과 인사관리연구**. 제29권(2호).
고혜지(2023). 바이든 '우리 아버지도 자상하고 엄했어' 윤 '바이든, 따뜻한 사람'. **서울신문** 2023.8.21.
박상기(2022). 협상실무자의 협상역량에 대한 척도개발 및 타당성 연구.**기업경영리뷰**. 제13권(1호).
로날드 샤피로 외(2003). **협상의 심리학**, 이진원 번역, 미래의 창.
로이 J. 레위키 외(2005). **최고의 협상**(smart business), 김성형 편역.
로저 피셔, 윌리엄 유리, 브루스 패튼(2021). **Yes를 이끌어내는 협상법**. 박영환·이성대 옮김. 장락.
박성필(2021). 무형자산 가치가 극대화되는 4차 산업혁명 시대. **이코노미 조선**. 2021.08.23.
박주홍(2019). **비즈니스협상-기능영역별 협상과 글로벌 비즈니스협상의 이슈**. 박영사.
박혜림(2021). 브랜드 사용료에 관한 형사법적 대응에 대한 고찰. **법학논총**, 제50집.
산업정책연구원(2000). **2000 국내 브랜드 가치 평가에 관한 연구**. 산업자원부. 한국디자인진흥원
서병주(2023). CJ, 2024년 브랜드 사용료 1319억... 올해보다 8.26% 증가. **아시아투데이**. 2023.12.11.
송이재(2019). **비즈니스 협상전략-협상의 정석**. 경성대학교 출판부.
송효지(2022). **방송국에서 드라마 파는 여자**. 바이북스.
신수용(2023). 롯데지주 '일부 계열사 올해 브랜드 사용료 감면 검토 중'. **뉴스핌**. 2023.10.27.
신창호(2023). 하마스에 붙잡혀도 생존한 노부부의 지혜...'만인에게 친절. **국민일보**. 2023.10.19.
신철호(2006). 기업 브랜드 자산 가치 평가에 관한 실증적 연구: Brand Asset Evaluator. **상품학연구**, 제24권 1호.
심석진(2013). **비즈니스협상의 영향요인분석을 통한 성과제고방안에 관한 실증연구**. 건국대학교 박사학위논문.
에노모토 히데다케(2017). **부하의 능력을 열두 배 키워주는 마법의 코칭**. 황소연 역. 새로운 제안.
오세형(2020). 양보의 형태에 따른 협상자의 대응 행동과 심리: 쟁점의 성격을 중심으로. **조직과 인사관리연구**. 제44집(2권).
오세형, 김기현(2021). 인지적 종료욕구가 협상행동에 미치는 영향. **대한경영학회지**. 제34권 2호.
원창희(2021). **성공하는 협상의 10가지 핵심역량**. 파인협상아카데미.

위키백과. 사업.

이지숙(2023). 반도체 적자지만... SK하이닉스, 브랜드 사용료 18.4% 늘린다. **뉴스웨이**. 2023.12.14.

임창현, 심준영 (2016). 코칭의 GROW 기법 진행 시 두뇌 영역별 뇌파 변화 및 특성 연구. **코칭능력개발지**. 18(3). 75-85.

조은아(2023). (주)GS, 상표권 수취의 '진짜' 의미는?. **더벨**. 2023.6.22.

조주은(2018). 다차원적 협상 모델링과 합의형성과정. **법과사회**. 58호.

조창연(2012). 협상 커뮤니케이션의 이론적 토대와 함의: 80년대와 90년대의 협상이론을 중심으로. **커뮤니케이션학 연구**. 제20권(3호).

최철규(2015). **협상의 신**. 한국경제신문사.

하쿠호도 브랜드 컨설팅(2002). **한 권으로 읽는 브랜드 마케팅**. 김낙희 외(역). 서울: 굿모닝미디어.

한국경제연구원(2018). **브랜드 사용료 사례와 시사점**.

한영위, 박호환(2006). 협상자의 개인특성과 설득력, 협상이슈의 명료성이 협상성과에 미치는 영향. **대한경영학회**. 제19권(제2호).

황현희, 정문선, 김근배, 김보민(2021). GROW모델을 활용한 1:1 코칭과 예시 아이디어가 신제품 개발 아이디어 창의성에 미치는 영향. **코칭**. 제5권(2호).

Barry, B. & Oliver, R. L.(1996). Affect in dyadic negotiation: A model and propositions. *Organizational Behavior and Human Decision Processes*. 67(2). 127-143.

Bright Focus. https://brightfocusconsult.com/faq/what-is-business-negotiation/

Bush, Robert A. Baruch and Folger, Joseph P.(2005). *The Promise of Mediation*. Jossey-Bass.

Butler Jr. J. K.(1999). Trust expectations, information sharing, climate of trust, and negotiation effectiveness and efficiency. *Group & Organization Management*. 24(2). 217-238.

Curhan, J. R., Elfenbein, H. A., & Xu, H. (2006). What do people value when they negotiate? Mapping the domain of subjective value in negotiation. *Journal of Personality and Social Psychology*. 91. 493-512.

Diamond, Stuart(2012). *Getting More: How You Can Negotiate to Succeed in Work and Life*. Crown Currency.

Galinsky. Adam and Joe Magee(2006). Power Plays. *Negotiation*. vol.9.(January 01, 2006). 1-4.

GEP. https://www.gep.com/knowledge-bank/glossary/what-is-commercial-negotiationKeller,

Kevin Lane(1993). Conceptualizing, Measurement, and Managing Customer-Based Brand Equity. *Journal of Marketing*. Vol.59(January). 1-22.

Lewiki, Roy J., Hiam, Alexander and Olander, Karen W. (2015). Selecting a Strategy. in Lewicki, Roy J., Barry, Bruce and Saunders, David M. eds. *Negotiation: Readings, Exercises, and Cases*. 7th ed. New York, NY: McGraw-Hill Education. 14-29.

Management Study Guide. https://www.managementstudyguide.com/business-negotiations.htm

PON Harvard Law School. https://www.pon.harvard.edu/tag/business-negotiation/

Oliver, R. L., Balakrishnan, P. S., & Barry, B.(1994). **Outcome satisfaction in** negotiation: A test of expectancy disconfirmation. *Organizational Behavior and Human Decision Processes*. 60(2). 252-275.

Pruitt, D. G., & Lewis, S. A.(1975). Development of integrative solutions in bilateral negotiation. *Journal of Personality and Social Psychology*. 31(4). 621-633.

Raiffa, Howard(2002). *Negotiation Analysis: The Science and Art of Collaborative Decision Making*. Cambridge, Massachusetts: Harvard University Press.

Shell, G. R.(1999). *Bargaining for Advantage: Negotiation Strategies for Reasonal People*. NY: Viking Penguin. 69-98.

Stark, Peter B. & Flaherty, Jane(2017). *The Only Negotiating Guide You'll Ever Need*. New York, NY: Crown Business.

Thompson, L. & Hastie, R.(1990). Social perception in negotiation. *Organizational Behavior and Human Decision Processes*. 47. 98-123.

Wardell. James(2022). *Negotiation: Learn How to Negotiate for Greater Business Success, and Avoid Mistakes*. Phil Dawson.

White, J. B., Tynan, R., Galinsky, A. D., & Thompson, L.(2004). Face threat sensitivity in negotiation: Roadblock to agreement and joint gain. *Organizational Behavior and Human Decision Processes*. 94(2). 102-124.

Wikipedia. Business.

Wikipedia. Nonverbal communication.

Xicom, Inc.(2007). *Thomas-Kilmann Conflict Mode Instrument Profile and Interpretive Report*. CPP. Inc.

찾아보기

B

BATNA   15, 31, 42, 43, 46, 59, 60, 65, 66, 80, 85, 86, 87, 88, 89, 95, 102, 103, 104, 110, 115, 116, 121, 123, 129, 141, 142, 186, 219, 222, 224, 233, 234, 238, 239, 240, 243, 244, 245, 247, 250,

BATNA(결렬 시 최선대안) 31

L

LHO 협상전략모형 248

M

M&A 협상   6, 7, 13, 17, 71, 73, 85, 232, 233, 240, 244

N

negotiation dance 142

ㄱ

가치창조   10, 11, 42, 44, 54, 55, 66, 69, 100, 101, 112, 113, 244
감정관리   245, 251
객관적 기준   15, 132, 150, 151, 152, 153, 154, 185, 186, 219, 235, 244
거래 매트릭스   14, 101
거시적 흐름   47, 48
결렬점   42, 43, 55, 66, 89, 104
경쟁적 협상   15, 29, 30, 31, 33, 56, 60, 62, 65, 69, 242, 243, 245, 249, 250
공통적 이해관계   112, 243, 244
과정통제   37, 47

구조분석	14, 19, 85, 88, 109, 110, 120, 121, 140, 142, 152, 153, 166, 167, 180, 182, 197, 199, 218, 219

ㄴ

니블링 전술	180

ㅁ

미끼전술	179
미러링 전술	216

ㅂ

벤처창업 협상	14, 90, 109, 110, 233
벼랑끝 전술	194, 198, 199, 224, 236, 241
분리 후 정복전략	94
브랜드 사용료	7, 13, 14, 15, 71, 144, 145, 146, 147, 148, 149, 150, 151, 152, 153, 232, 235, 240, 244
비언어 소통	68
비즈니스관계	31
비즈니스 협상	1, 3, 6, 7, 8, 9, 10, 11, 12, 13, 14, 15, 16, 17, 18, 19, 20, 21, 23, 24, 25, 27, 28, 29, 31, 32, 33, 35, 38, 39, 47, 48, 57, 59, 60, 64, 71, 88, 96, 143, 202, 209, 229, 231, 238, 242, 246
비즈니스 협상의 정의	23, 25, 27
비협조 해	163

ㅅ

수요공급의 법칙	33
숨은 욕구	185, 196, 200, 203, 204, 205, 244

ㅇ

안건 쪼개기	194
앵커링(Anchoring) 효과	135
연합구축전략	36
연합세력	94, 111, 243, 244, 250
요구, 욕구	247
우선순위 기반 합의 도출	105
이해관계	10, 19, 30, 33, 35, 36, 37, 40, 41, 42, 44, 53, 54, 55, 57, 58, 65, 70, 85, 86, 89, 100, 109, 110, 112, 113, 120, 121, 126, 127, 128, 132, 133, 134, 141, 142, 153, 154, 166, 167, 181, 191, 198, 199, 202, 219, 233, 234, 235, 236, 237, 243, 244, 250
일관성	32, 51, 62, 63, 150
입장(position)과 이해관계(interest)	126, 127

ㅈ

전환적 협상	161, 162, 165, 169
정박 효과	221, 239, 242
제안(offer)과 역제안(counter offer)	135
조건부 협상	15, 208, 211, 214, 217, 219, 221, 222, 223, 224, 231, 237, 239, 241, 243, 244, 249
좋은 사람 나쁜 사람 전술	181

ㅊ

창조적 옵션	15, 100, 185, 186, 199, 200, 201, 202, 204, 205, 207, 210, 220, 247, 248, 250
첫 제안 지점	212
초기 제안	122, 181, 184, 244
최종안	81, 82, 83, 89
최초 제안가격	184

ㅋ

코칭	7, 13, 14, 15, 71, 155, 156, 158, 160, 161, 162, 163, 164, 165, 166, 167, 168, 169, 170, 232, 235, 239, 240, 242, 244, 245, 246

ㅌ

통합적 협상	15, 44, 45, 55, 57, 128, 131, 161, 165, 169

ㅍ

폐기물 계약 협상	7, 71, 113, 121, 232, 234
피셔-유리의 '원칙화된 협상'	132

ㅎ

합의가능영역	30, 31, 66, 210, 213, 220
합의가능영역(ZOPA)	30
협력적 협상	15, 30, 31, 33, 56, 60, 62, 65, 242, 243, 245, 248, 250
협상력	12, 21, 34, 59, 61, 62, 63, 65, 87, 88, 94, 115, 209, 224, 244, 246, 250
협상준비	88, 116, 185, 187, 243, 244, 245, 247
협상 최저선	212
협상컨설팅	74, 80, 246

제1저자 원창희 프로필

[학력]
고려대학교 경영대학 경영학학사
고려대학교 대학원 경제학석사
미국 오하이오주립대(The Ohio State University) 경제학박사

[경력]
한국노동교육원 교육본부장, 교수
숭실대 노사관계대학원 겸임교수
한국노동경제학회 / 한국노사관계학회 부회장, 이사
서울지방노동위원회 / 경기지방노동위원회 공익위원
국회 환경노동위원회 전문위원
아주대학교 경영대학원 겸임교수
9th Asia Pacific Mediation Forum(APMF) Conference 준비위원장
단국대학교 경영대학원 협상론 강사
한국코치협회 인증코치
한국조정중재협회 부회장
한국갈등조정가협회 회장
미국 연방조정알선청 명예조정관(현)
서울중앙지방법원 / 서울가정법원 조정위원(현)
고려대학교 노동문제연구소 연구교수(현)
한국협상경영원 대표/원장(현)

[저서]
노사간 신뢰구축의 길(공저, 나남출판사, 2004)
노동분쟁의 조정: 이론과 실제(법문사, 2005)
사례로 배우는 대안적 분쟁해결: 협상조정중재(이지북스, 2009)
갈등관리의 이해(한국문화사, 2012)
직장인 행복서(인더비즈, 2014)
협상조정의 이해(한국문화사, 2016)
갈등코칭과 협상코칭(한국문화사, 2019)
함께 행복한 협상 이야기(네고메드, 2020)
성공하는 협상의 10가지 핵심역량(파인협상아카데미, 2021)
역사 속 위대한 협상가 이야기(파인협상아카데미, 2022)
조직갈등해결의 실무와 사례(한국협상경영원, 2023)

[연락처]
이메일 chwon77@hanmail.net
블로그 blog.naver.com/chwon77

제2저자 송효지 프로필

[학력/경력]
고려대학교 영어영문학과 졸업
단국대학교 경영대학원 협상학과 석사
삼성 멀티캠퍼스 등 기업 및 대학 협상 강의
협상가1급(한국협상경영원)
한국코치협회 인증 코치
MBC 콘텐츠사업본부 차장(현)

[저서]
방송국에 드라마 파는 여자(바이북스, 2022)

[연락처]
이메일 ssonic626@naver.com
인스타그램 songhyoji_
블로그 blog.naver.com/ssonic626

제3저자 류경선 프로필

[학력/경력]
고려대 경영대학원(MBA) 석사
협상가1급(한국협상경영원)
협상최고위과정(세계경영연구원)
CPSM(Certified Professional in Supply Management)
GLSC(Global Logistics & SCM Consultant)
커리어코칭전문가과정(한경닷컴)
롯데인재개발원 등 기업 및 대학 강의
롯데쇼핑 e커머스 팀장(현)

[연락처]
이메일 ksryu93@hanmail.net

비즈니스 협상의 실무와 사례

1판1쇄 발행 2024년 7월 1일

지 은 이	원창희, 송효지, 류경선
펴 낸 이	원창희
펴 낸 곳	한국협상경영원
기획홍보	조윤근
편 집	최숙
디 자 인	서승연
등 록	2020년 5월 11일
주 소	서울특별시 서초구 서초대로46길 99, 4196호(현빌딩)
전 화	02-6223-7001
팩 스	050-4186-4540
이 메 일	k-nego@daum.net
홈페이지	www.k-nego.com
ISBN	979-11-979913-5-6

책값은 뒤표지에 있습니다.
잘못된 책은 바꾸어 드립니다.
이 책의 내용은 저작권법에 따라 보호받고 있습니다.

이 도서의 국립중앙도서관 출판도서목록은 서지정보유통지원시스템 홈페이지 (http://seoji.nl.go.kr)와 국가자료공동목록시스템(http://www.nl.go.kr/kolisnet) 에서 이용하실 수 있습니다.